中等职业学校教育创新规划教材
新型职业农民中职教育规划教材

农产品网络营销实务

李怡菲　韩　斌　主编

中国农业大学出版社
·北京·

内 容 简 介

《农产品网络营销实务》采用“任务驱动型＋案例引导”的编写模式，深入浅出地介绍了农产品网络营销的必备技能和推广技巧。全书共八个项目单元，涵盖了市场调查、信息发布、信息获取、信息沟通，新型网络营销渠道：如QQ营销、博客营销、电子邮件营销、视频营销、搜索引擎营销、网络广告营销、网店营销等农产品网络营销的常用方法和基本知识，并以实例阐述了从市场调查、策划到成为实战网商的网络营销制作与实现全过程。

图书在版编目(CIP)数据

农产品网络营销实务/李怡菲，韩斌主编. —北京：中国农业大学出版社，2016.1
ISBN 978-7-5655-1471-5

Ⅰ.①农… Ⅱ.①李… ②韩… Ⅲ.①农产品-网络营销 Ⅳ.①F724.72

中国版本图书馆CIP数据核字(2015)第319367号

书　　名 农产品网络营销实务
作　　者 李怡菲　韩　斌　主编

策划编辑	张　蕊　张　玉	**责任编辑**	张　玉
封面设计	郑　川	**责任校对**	王晓凤
出版发行	中国农业大学出版社		
社　　址	北京市海淀区圆明园西路2号	**邮政编码**	100193
电　　话	发行部 010-62818525，8625	读者服务部	010-62732336
	编辑部 010-62732617，2618	出　版　部	010-62733440
网　　址	http://www.cau.edu.cn/caup	**e-mail**	cbsszs @ cau.edu.cn
经　　销	新华书店		
印　　刷	北京俊林印刷有限公司		
版　　次	2016年5月第1版　　2016年5月第1次印刷		
规　　格	787×1 092　16开本　13印张　238千字		
定　　价	38.00元		

图书如有质量问题本社发行部负责调换

中等职业学校教育及新型职业农民中职教育教材编审委员会名单

编写人员

主　编　李怡菲　河南农业职业学院高级讲师

　　　　韩　斌　浙江玉茗生物科技有限公司副总经理

副主编　江咏海　桂林农业学校讲师

　　　　汤凯麟　桂林农业学校讲师

　　　　李　竞　河南农业职业学院高级讲师

参　编　李慧娟　河南农业职业学院讲师

　　　　王　玉　河北省科技工程学校讲师

　　　　安敬敬　河北省科技工程学校助理讲师

　　　　曹纪磊　河南省交通高级技工学校讲师

编写说明

积极开展与创新中等职业教育与新型职业农民中职教育，提高现代农业与社会主义新农村建设一线中等技术“应用型”人才及新型职业农民的综合素质、专业能力，是发展现代农业和建设社会主义新农村的重要举措。为贯彻落实党中央的战略部署，提升中等“应用型”人才及新型职业农民的培养质量，同时也为各地培育中等技术“应用型”人才、新型职业农民及现代青年农场主等提供基础保障，特根据《教育部关于“十二五”职业教育教材建设的若干意见》、《中等职业学校新型职业农民培养方案》和《中等职业学校专业教学标准（试行）》等文件精神，紧紧围绕培养中等“应用型”人才，培养生产、服务、管理第一线需要的人才，并遵循中等职业教育与新型职业农民中职教育的基本特点和规律，编写了《农产品网络营销实务》中职教育教材。

《农产品网络营销实务》是中等职业教育创新及新型职业农民中职教育教材农业经济管理类核心课系列教材之一。本教材构思新颖，内容丰富，体例创新。以行动导向的教学模式为依据，以学习性工作任务实施为主线，统筹兼顾中等职业教育创新及新型职业农民中职教育的学习特点编写的。该教材《农产品网络营销实务》体例打破传统的章节结构，采用“任务驱动型＋案例引导”的编写模式，深入浅出地介绍了农产品网络营销的必备技能和推广技巧。以实例阐述了从市场调查、策划到成为实战网商的网络营销制作与实现全过程，易学好用，为学员通过网络快速推销农产品提供了简捷、可行的方法。教材通俗易懂，具有很强的针对性和实用性，是中等职业教育及新型职业农民中职教育相关专业的专用教材，也可作为现代青年农场主的培育教材，还可供从事相关工作的专业人员作为参考用书使用。

本教材由全国部分高、中职院校从事多年教学的教师共同编写。李怡菲编写项目一，李竞编写项目二，李慧娟编写项目三，江咏海编写项目四，曹纪磊编写项目五，安敬敬编写项目六，王玉编写项目七，汤凯麟编写项目八，本书由李怡菲、韩斌担任主编；江咏海、汤凯麟、李竞担任副主编；李慧娟、王玉、安敬敬、曹纪磊参编。全书最后由李怡菲高级讲师统稿。原农业部农民科技教育培训中心陈肖安副研究员、北京农业职业学院赵晨霞教授、山东省潍坊职业学院曹春英教授、辽宁农业职业技术学院曹军教授、武汉市农业学院吕清华高级讲师等对教材内容进行了最终审定，在此一并表示感谢。

由于编者水平有限，加之时间仓促，教材中不妥和错误之处在所难免。衷心希望广大读者提出宝贵意见，以期进一步修订和完善。

编　者

2015 年 6 月

目　录

项目一 认识互联网是新的沟通媒体

任务一 认识互联网是新的沟通媒体

【任务目标】

互联网正深刻地变革着人类生活，创造着一个新的时代，造就新一轮的时代传奇和时代英雄。面对汹涌袭来的互联网新媒体营销浪潮，你准备好了吗？

完成本学习任务后，你应该能

- 认识互联网的新媒体特性
- 了解网络营销
- 知道网络新闻营销
- 学会打开网页

【知识准备】

一、互联网是新的沟通媒体

互联网就是一个能够相互沟通，相互参与的交流互动平台。人们能够利用互联网网络相互交流和传播信息。因此网络可以成为传播信息的载体，通过网络可以像报刊、广播、电视等传统媒体一样传播消息给大众。互联网的这种交互式传播功能，使互联网成为一代新媒体，并将引领和改变世界。

(一)新媒体

新媒体相对于传统媒体而言，特指以数字技术为基础、以网络为载体进行信息传播的媒介。新媒体应运而生，正在飞速发展。目前流行的权威新媒体有如下一些。

权威官方新媒体：央视网、新华网、人民网、中国网、中华网……

一线门户新媒体：新浪网、腾讯网、搜狐网、网易163、凤凰网……

传播媒体指传播信息的载体或媒介，即信息传播过程中从传播者到接受者之间携带和传递信息的一切形式的物质和方式，包括报刊、广播、电视、电影等传统媒体，以及新生的网络媒体、手机媒体、数字电视等。

（二）新媒体的特点

新媒体较之传统媒体很大程度上打破了时空界限，并且同样具有引领、推广、引起关注的效应。比如一个新的产品的出现会迅速在互联网上得到传播，用户的口碑和对产品的体验，在新媒体的网络上会以病毒式的传播方式被无限放大。新媒体的发展将是未来媒体发展的新趋势，新媒体的新特点具体体现为：

1. 即时性与交互性

信息能被即时传播，能满足随时随地的互动表达、互动娱乐与信息获取的需要。互联网媒体中受众者同时也是传播者，消费者同时也是生产者，媒体传播注重个性表达与交流。

2. 共享性与海量性

网络的基本特征是信息的互通与共享。网络新媒体的传播与更新速度快、成本低、信息量大，内容丰富，检索便捷，具有全天候、全覆盖的全球传播特征。

3. 多媒体与超文本

新媒体中的信息是以超文本和多媒体的形式呈现和传播的。计算机网络超文本中的文字包含有可以链接到其他位置或者文档的连结，允许从当前阅读位置切换到链接所指向的位置。我们日常浏览的网页上的链接都属于超文本。这里所说的多媒体是指信息在传播中的表现形式，如文字、声音、图像、动画等等各种不同形式的信息。

4. 个性化与社群化

人们在使用新媒体时其选择的主动性和目的性更强。受众可以根据自己的经历参与信息的制作与传播，并依自己的喜好获取自己最想得到的信息。个性化导致市场细分更加充分，呈社群化，如博客、微博和微信的普及，让每一位个体网民成为新媒体中信息的制造与传播的主体力量。

开放、共享、自由、平等、创新是互联网精神。新媒体强调满足客户的需求，只有满足客户的需求，其自身所要分享的信息才能够迅速地传播，从而使传播的时效性大大地增加。网络新媒体将带我们走进新的时代，带我们见证和共创新的奇迹。

二、网络营销市场的现状和发展前景

过去我们的联系方式只是写信、打电话；购物方式只有逛商场、托人捎买；买火车票只能到站点排队…… 如今,联系方式从QQ到朋友圈,生活从网购、订票到网上打车、理财,互联网已无处不在。伴随着网络的普及和飞速发展,以网络为依托的网络营销获得了良好的发展契机,呈现快速发展的态势。

营销工具与手段日益多样。网上购物、网上联系已逐渐成为人们的购物方式和生活方式。网络营销市场开始形成。经过十几年的发展,我国的网络营销领域已经涌现出很多成功案例,例如阿里巴巴、淘宝网、京东商城等等。网络营销的发展引发更多关注,在全球范围内保持良好的发展前景。近年来的网上销售额一年比一年火爆。2013年"双十一",网上销售额占到整个社会全部销售额的一半。2014年物流订单2.78亿单,总共有217个国家和地区被点亮,在移动端交易额占比高达42.6%。这种消费方式的"质变",说明网络营销尤其是移动端网络营销是未来社会新的发展趋势,是新经济发展的大金矿。

互联网营销正在改变世界,改变生活。让我们每个人身处其中,无法拒绝。数以千万计的中小创业者也在激荡的互联网经济大潮中寻找着改变人生的机遇。

三、网络营销的定义、特点和优势

(一)网络营销的定义

网络营销就是利用互联网、通信技术等网络形式,开展针对用户的营销活动。网络营销是伴随着信息时代的进步而产生的一个营销概念,产品的选择、价格的商定、资金的给付都通过网络完成。这种新型的营销方式近年来发展势头迅猛,对传统营销模式带来颠覆性的冲击。网络营销不单单是一种借助新媒体开展的一个新营销模式,更是一种信息时代的新文化。

(二)网络营销的特点和优势

随着信息产业的高速发展,以新媒体为传播媒介的网络营销成为当今最热门的营销推广方式。随着上网人数的迅速增加,覆盖面扩大,网络营销的影响力也越来越大。实施网络营销已成为企业现代媒体营销战略的重要部分。网络营销的主要特点和优势表现为:广泛性、交互性和经济性。

1. 广泛性

广泛性指网络营销传播范围广、不受时空限制。通过国际互联网络,网络营销顾客可以在网络上自行查询所需产品的信息,重复观看,无时间限制;只要具备上网条件,任何人在任何地点都可以浏览广告,打破空间限制;网络营销也使得脱离时空限制进行交易成为可能,这些是传统媒体无法达到的。企业可以积极加入和开拓全球性的网络营销活动,创造无限商机。

2. 交互性

网络营销具有交互性，它可以实现供需方信息互动与双向沟通。互联网通过展示商品信息，提供用户查询，提供交互式服务。使网络营销的更具有针对性。网络营销可以在网上实施购买行为。随后还可以建立用户数据库，根据用户特点做出跟踪分析，对网络营销效果作出客观准确的评价。

3. 经济性

(1)无店铺的经营方式。网络营销可以无实体店铺经营，在网络上是虚拟商店，只是通过互联网络作为它宣传、交流和交易的媒体，而不需要实体店面、实体商品等。大大缩小店面成本。

(2)低库存的经营方式。网络市场的虚拟商店，可以在接到顾客订单后，再向制造的厂家订货，而无需将商品陈列出来供顾客选择，只需在网页上打出货物单和图片资料等即可。这样店家不会因为存货而增加成本。

(3)高效全程的营销方式。互联网上的营销可以实现从商品信息的发布，与客户建立沟通，到接收订单，收付款完成和售后服务等一系列高效全程全方位的营销。它同时兼具渠道、促销、电子交易、互动顾客服务以及市场信息分析与提供的多种功能，因此互联网是一种功能最强大的营销工具。

(4)个性化灵活的营销方式。网络技术的发展使消费者的个性化需求成为可能，用户可以根据自己的需求单独下订单，从而参与产品的设计和更新。这种定制营销将是未来的营销发展趋势。

总之，由传统的实体化市场发展到网络市场是一种质的飞跃，互联网将企业、市场与消费者跨时空联结在一起，“面对面”进行信息交换，市场营销的本质就是组织和个人之间进行信息传播和交换，从而达到交易的目的。

四、我国网络营销应注意的问题

凡事有利也有弊，与传统营销相比，网络营销应注意的问题主要体现在以下几个方面：

第一，商家信誉良莠不齐。

眼见为实，网络营销只见宣传不见实物，让消费者疑虑重重。因此，网络营销要发展，商家信誉、产品质量是关键。有些商家信誉度不好，退换货困难，资金追讨难，商品假冒伪劣、以次充好，网络营销诈骗等等使商家信誉良莠不齐。

第二，销售价格透明，利润率降低。

网上信息的充分，使消费者会全方位地搜索和比较各商家的站点，可货比千家；而对商家而言，则易引起价格战，使行业利润率降低。

第三，缺乏营销主动性。

网上信息传播是点击式传播，它一般不具有强制收视的效果，主动权掌握在消费者的手中，他们可以选择看与不看，商家无异于在守株待兔，导致企业促销被动性加剧。如何主动出击，将是网络营销作为一种全新的营销和沟通方式有待于挖掘和发展的。比如互联网流行的"免费"营销模式就是一种商家变被动为主动的营销策略。

第四，网络营销潜力尚待进一步开发。

我国网络营销发展势头迅猛。很多企业已经认识到网络营销的巨大价值，相继建立起企业网站，但在网站的后期投入及网站的应用与维护方面并没有过多关注，使网络营销的潜力被埋没。有的企业则将网络营销神秘化，认为其技术含量过高而不敢涉足，坐失发展良机。

五、网络营销的方式

互联网技术在飞速发展，网络营销的方式也层出不穷，目前最流行的网络新营销的方式有：

(1)搜索引擎营销：是通过获得在搜索引擎上的优势排名，为网站引入高流量、高点击率，达到营销传播的目的。

(2)电子邮件营销：是以订阅的方式将产品信息通过电子邮件的渠道发送给目标用户，以此建立与用户之间的信任与信赖关系。

(3)即时通信营销：利用互联网即时聊天工具进行推广宣传的营销方式。如QQ、微信聊天工具。

(4)病毒式营销：指利用客户之间自发进行的口碑相传的原理实现传播的营销手段，费用较低。

(5)BBS营销：即论坛营销。BBS电子公告牌系统(Bulletin Board System，英文缩写BBS)现在泛指网络论坛或网络社群。指到门户站论坛网站灌水发表评论，同时留下自己网站的链接，每天都能带来几百新访客。

(6)博客营销：是指通过建立企业博客或个人博客，用于企业与用户之间的互动交流以及企业文化的传播，一般以行业评论、工作感想、心情随笔和专业技术等等作为企业博客内容，使用户更加信赖企业、深化品牌影响力。

(7)微博营销：指商家或个人通过微博平台发现并满足用户的各类需求的商业营销方式。

(8)微信营销：是网络经济时代企业营销模式的一种创新，是伴随着微信的火热而兴起的一种网络营销方式。微信不存在距离的限制，用户注册微信后，可与周围同样注册的“朋友”形成一种联系，用户订阅自己所需的信息，商家通过提供用户需要的信息，推广自己的产品，从而实现点对点的营销，比较突出的如体验式微营销。

(9)视频营销：以创意视频的方式，将产品信息移入视频短片中，被大众化所吸收，也不会造成太大的用户群体排斥性，容易被用户群体所接受。

(10)软文营销：它是相对于硬性广告而言，软文广告是由企业的市场策划人员或广告公司的文案人员来负责撰写的“文字广告”。与硬广告相比，软文将广告信息化入故事、新闻、好评、知识等文章中，好似绵里藏针，收而不露，它追求一种春风化雨、润物无声的传播效果。

【任务实施】初涉互联网

互联网 Internet，其核心意义就是用线路将电脑连接起来，实现数据传输和资源共享。所以我们可以上网使用别人的共享资源，如搜索资料、看新闻、看视频、下载歌曲和电影等。也可以与别人进行信息沟通，如发邮件、QQ 联络、发布信息、发表评论、上传你的图片、文章和视频等等。我们先学习如何上网使用别人提供的共享资源。

第一步　登录 IE 浏览器，上网

在电脑桌面上鼠标左键双击 IE(Internet Explorer)图标，完成连接到 Internet，打开 IE 浏览器窗口。如图 1-1 所示。或者选择“开始”→“所有程序”→“Internet Explorer”菜单命令，打开 IE 浏览器窗口。

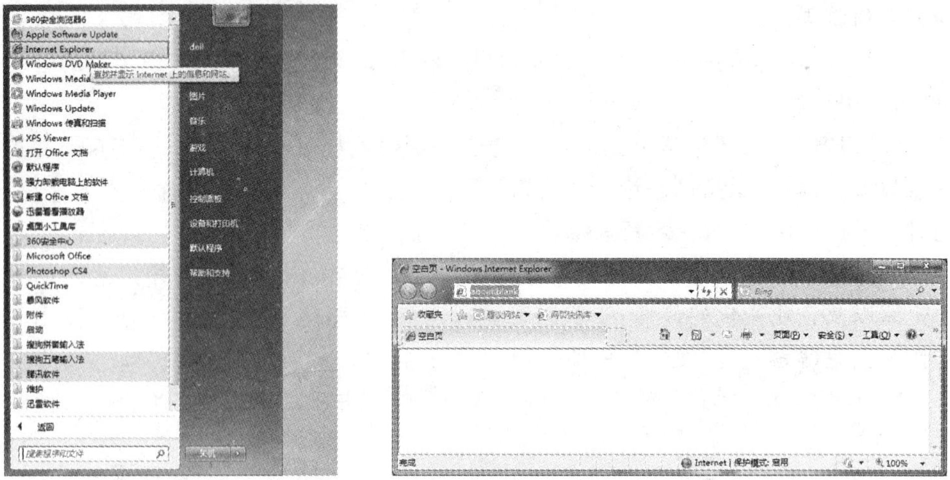

图 1-1　登录 IE 浏览器

第二步　输入地址信息，访问特定网站

在 IE 浏览器窗口的地址栏里输入一个网站地址，如“http://www.hao123.com”，按回车键，进入网页。如图 1-2 所示。hao123 是一款快速、功能强大的上网导航网页。上网从 hao123 开始，使上网轻松、便捷，如图 1-3 所示。

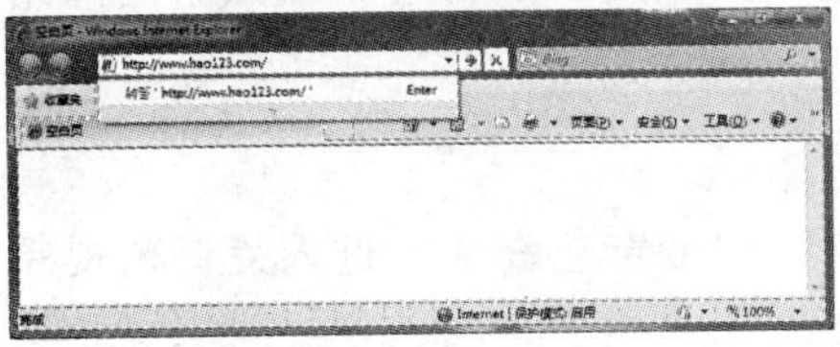

图 1-2　输入地址信息

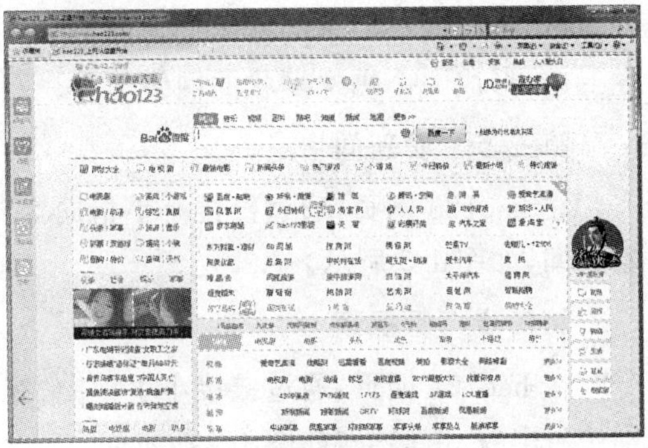

图 1-3　导航网页 hao123

hao123 上网导航网页主要为上网用户提供新闻、视频、音乐、购物、银行、招聘、小说、游戏等热门分类的网站导航链接，与百度搜索引擎完美结合，并提供上网常用的实用工具如天气、股票、航班、路况等，为中国互联网用户提供最简单便捷的网上导航服务如图 1-4 所示，hao123 导航网页目前成为上亿用户选择上网的第一站。

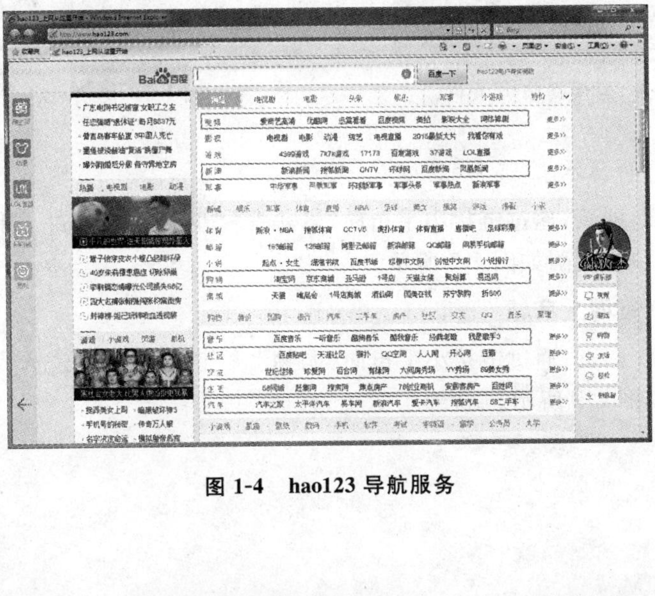

图 1-4　hao123 导航服务

进入 hao123 网页后，就可以通过“链接小手” 进入各类门户网站，实现享用别人的共享资源，如进入新华网看新闻、进入爱奇艺高清看视频、看电影等，现在你就可以在网上遨游了。

网页上的链接小手叫做超级链接。将鼠标指针移动到要进一步浏览的项目上，如果鼠标指针变成手状，则表明该项目为超级链接，单击鼠标即可进入一个新的网页，也可以从一个网站链接到另一个网站，从而将 Internet 上所有的网站链接在一起，形成一个蜘蛛网状的网络世界。

第三步　看新闻

在 hao123 网页，通过链接小手指向“新闻”→“凤凰新闻”，进入凤凰新闻网站看新闻，如图 1-5 所示。

第四步　看视频

在 hao123 网页，通过链接小手指向“视频”→“爱奇艺高清”，进入爱奇艺视频网站看电视、电影等，如图 1-6 所示。

图 1-5　新闻网站-凤凰网

图 1-6　视频网站-爱奇艺

第五步　听音乐

在 hao123 网页，通过链接小手指向“音乐”→“酷狗音乐”，进入酷狗音乐网站看听歌和下载歌曲等，如图 1-7 所示。

第六步　逛网上商城

在 hao123 网页，通过链接小手指向“购物”→“京东商城”，进入京东商城网站选货、购物，如图 1-8 所示。

图 1-7　音乐网站-酷狗音乐

图 1-8　购物网站-京东商城

第七步　查找创业和招聘信息

在 hao123 网页，通过链接小手指向“生活”→“58 同城”，进入就业类网站寻找创业和就业信息，如图 1-9 所示。

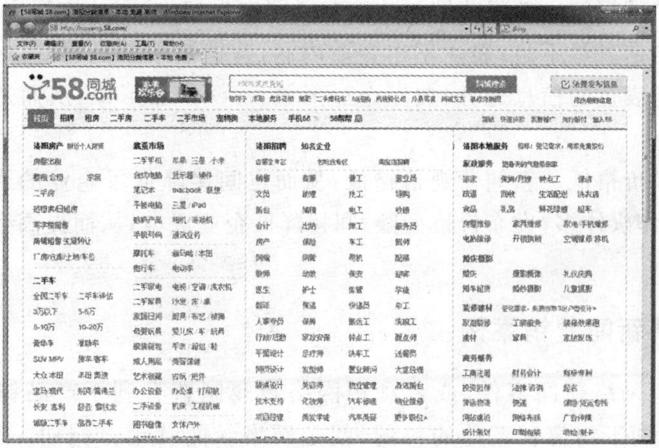

图 1-9　生活网站-58 同城

【任务拓展】

一、网络新闻营销

网络新闻营销，是利用互联网技术，整合国内众多家网站优势资源，把企业、品牌、人物、产品、活动、项目等相关信息，以新闻报道的方式，及时、全面、有效、经济地向社会公众广泛传播的新型营销方式。与一般以产品功能介绍为主的营销方式不同，网络新闻营销利用互联网资源，结合新闻媒体的力量，形成一种企业品牌推广的先进方式。网络新闻营销要求具有真实性、时效性、准确性、简明性。

二、网络新闻营销的作用

信息化时代,人们每一瞬间都在被信息所包围,从消费和生活的各个领域都在关注着媒体所带来的消息,对于新闻传播而言,恰好满足了社会人群对国家发展和社会动态了解的渴求。在人们进行社会活动中,新闻成为大众社会活动的导向,因此,新闻价值潜力巨大。

新闻阅读率高。在这个快速生活的时代,互联网信息传播已进入快速、即时、互动时代,传统的媒体报纸、杂志等正在被互联网新媒体所超越。正是因为互联网新闻阅读率不断提高、普及,使得网络新闻营销的价值潜力突显。

新闻可信度高。如今互联网上广告花样百出夸张十足,让网民对于这种广告的信任度大大降低,相比较新闻具有更高的公信力,网民更愿意相信经过正规媒体审核后发布的新闻。

提高营销的深度。新闻营销与传统互联网广告相比,网站广告展示位置有限,导致广告宣传信息量不足,表达不出企业内涵,营销效果不是很好。但是,网络新闻则可使企业表达的信息充分,加深企业形象,加深产品形象,从而达到更好的营销效果。

新闻营销价格低。新闻营销价格低,从而也间接降低了企业的成本。新闻营销平台多,合作媒体多,发布价格低廉,间接降低企业成本,从而提高企业产品竞争优势。

三、网络新闻营销案例

通过制造网络新闻事件,或者利用网络新闻制造有利于产品销售的有影响事件,达到有利于销售和宣传的目的,就是网络新闻营销。例如,王老吉利用汶川大地震巨额捐款事件实现大批量营销就是一个成功的网络新闻事件营销案例。

举世震惊的四川汶川大地震后,社会各界纷纷捐款捐物,凉茶饮料王老吉的生产公司加多宝集团捐出了亿元人民币的巨额资金,之后网络上立刻出现了一个“企业管理王老吉”的帖子:“王老吉你够狠,胆敢是王石的200倍!为了整治这个嚣张的企业,买光超市的王老吉,上一罐买一罐,不买的就不要顶这个帖子了。”类似帖子不断出现,被转载量和搜索量飙升各大网站头条。

该新闻事件产生的号召力,使王老吉的销量立刻大增,很多地区的超市竟然出现了断货的现象。每天真的会有网友到超市大批量的购买王老吉,并拍下照片发到网上，声称"看，我又企业管理了一家。"看似一个不经意的帖子，却引发了如此的惊涛骇浪，这其实是网络策划人运用王老吉为汶川大地震捐款新闻事件，为王老吉精心策划的一次网络新闻营销。

深度分析可以看出："企业管理王老吉"的事件营销成功是因为把握住了网民因地震引起的无处释放的压抑情绪。各大企业的捐款数目排名每天有网友在网络上整理、更新，一些捐款数目不多的企业和名人不断引来恶评。一时之间引发了一股捐款新闻浪潮。网络新闻营销就是要发挥好网络的新媒体作用，在转瞬即逝的新闻浪潮中把握新闻规律，实现事件营销。

可见，对以网络进行炒作的事件营销，能给企业带来巨大影响力，可以产生巨大的经济效益，而做网络事件营销最大的原动力就是网络推广创意。

【任务巩固】

1. 什么是网络营销，网络营销的特点和优势？

2. 在生活中寻找一个网络新闻营销的案例，在小组宣讲。

【任务评价】

项目名称			姓名		时间	
评价指标	自我评价	小组评价	学习体会			
学会打开网页查看新闻						
认识互联网是新一代沟通媒体						
了解网络营销						
知道网络新闻营销						
综合评价						

任务二　认识新媒体沟通的平台工具

【任务目标】

面对汹涌激荡的互联网新媒体营销浪潮，你想带着你的产品和创意一试身手吗？借助互联网沟通的平台工具，能使你快速进入、畅游其间。

完成本学习任务后,你应该能

- 在互联网上获取信息
- 在互联网上发布信息
- 在互联网上建立双向沟通的信息
- 获取和存贮互联网信息
- 知道搜索引擎营销

【知识准备】

互联网 Internet 是一个巨大的资源宝库,随着计算机网络的普及和发展,人们越来越多地利用网络进行沟通联络和共享资源,互联网正变革着人们的生活方式。人们可以浏览和下载各种网络资源,也可以发布和上传自己的信息供他人访问共享。这些操作都是在相关的工具软件的支持下才能实现。下面介绍几种在互联网上获取和发布信息的方法和工具软件。

一、在互联网上获取信息

1. IE 浏览器和门户网站

IE 浏览器。互联网上存储了大量的信息,怎样看到它们呢?浏览器是用于浏览互联网 WWW 服务的工具软件,用户只要通过浏览器的应用程序就可以方便地访问互联网,获得所需的信息。IE(Internet Explorer)是 Windows 系统自带的浏览器。目前各大电脑公司也在纷纷开发自己的浏览器,常见的有 360 安全浏览器、百度浏览器、Google 浏览器等等。

WWW(World Wide Web)环球网。简称 Web,又称万维网,是互联网上应用最广泛的服务之一。它为互联网用户提供文本、语音、图像和视频等多种媒体信息资源,把它们以超文本的方式组织链接以供查询和调用。互联网上的用户可以对世界各地的 WWW 资源进行浏览、搜索,也可以在 WWW 平台之上交流信息。

门户网站。互联网作为新的沟通媒体,蕴含着巨大的传播能量。吸引着以提供互联网服务为目的的企业纷纷投入其中,建立起自己的信息资源服务器,即门户网站。门户网站指互联网上为用户提供某类综合性信息资源并提供有关信息服务的计算机服务器系统。门户网站能够为用户提供大量的信息资源,提供搜索引擎、目录服务,建立企业对企业、企业对客户、企业对内部员工的信息通道,是企业释放信息的平台网站和企业在互联网上的入口。目前常用的门户网站有美国的 Yahoo、中国的新浪、搜狐和网易等。

2. 搜索引擎和百度

搜索引擎。搜索引擎是互联网上的一种 WWW 服务器，它的主要任务是自动搜索其他服务器中的信息，并对其进行索引，然后将索引的内容放在可供查询的大型数据库中，用户可以利用搜索引擎所提供的分类目录和查询功能查到所需要的信息。简而言之，搜索引擎是能够自动从互联网上搜集信息经过整理后提供给用户进行查阅的系统，例如百度、Google 等都是国内外著名的搜索引擎网站。

百度。百度是全球最大的中文搜索引擎网站，2000 年创立于北京中关村。百度研发中文信息检索技术，向人们提供“简单，可依赖”的信息获取方式。应用百度主页，人们可以在网络上更便捷地获取信息，找到相关的搜索结果，这些结果来自于百度超过数百亿的中文网页数据库。除网页搜索外，百度还提供 MP3 音乐、图片、视频、地图等多样化的搜索服务，以满足多样化的搜索需求。

常用搜索引擎网址：

百度 http://www.baidu.com/

中文搜索引擎指南 http://www.sowang.com/

搜狗搜索 http://www.sogou.com/

雅虎 https://www.yahoo.com/

谷歌 http://www.google.hk/

二、在互联网上发布信息

若要在互联网上发布和查询有关农产品信息，需要访问那些专门提供农产品信息服务的网站，可分为综合信息服务类、政府类、行业类、企业类。我们可以利用这些专门性服务网站设有的“免费发布信息”平台，把我们的信息免费发布到互联网上，常用的农产品信息网站有：

中国农业部网 http://www.moa.gov.cn/

中国农产品网 http://www.zgncpw.com/

中国农产品批发网 http://www.chinancp.cn/

中农商务网 http://www.agri.org.cn/

中国农产品信息网 http://www.chineseagri.com/

中国数字农村网 http://www.szncnet.cn/

中国惠农网 http://www.cnhnb.com/

农产品网 http://www.cnncpw.net/

三、在互联网上建立双向沟通的信息

过去人们之间的交流和沟通一般是通过书信、电话、电报等进行。在网络飞速发展的今天，网络通信以其即时到达的特点开创了新型的交流方式。在互联网上交流信息要借助一些互联网服务程序软件实现，常用互联网服务和双向即时沟通工具软件有网易电子邮箱 E-mail、腾讯 QQ、手机微信、微博、博客、网络论坛 BBS 等等。

邮箱。电子邮箱 E-mail 是 Internet 上使用非常广泛的一种服务。与传统的邮箱很相似，通过网络的电子邮件系统，我们可以快捷地与世界上任何一个角落的网络电子邮箱用户发送邮件，并且这些电子邮件可以是文字、图像、声音等文件。

即时通信。在互联网上除了电子邮件 E-mail 外，还有很多其他的网上即时通信联络工具软件。即时通信功能是互联网的基本的信息通信方式之一，通过即时通信软件可以实现在线聊天和信息交流的目的。目前比较流行的是腾讯 QQ、MSN、手机微信等。它们支持在线聊天、视频电话、传送和共享文件、网络硬盘、邮箱、远程协助、群聊天、空间等多种功能，并可与移动通信端手机互连。微信用户可以通过“摇一摇”、“漂流瓶”、“搜索号码”、“附近的人”、扫二维码方式添加好友和关注公众平台，同时将微信内容分享给好友或微信朋友圈，正在成为一种新型的自媒体形式。

论坛。网络论坛 BBS(Bulletin Board System)电子公告板，在国内一般称作网络论坛。早期的 BBS 与一般街头和校园内的公告板性质相同，只不过是通过电脑来传播或获得消息而已。BBS 系统为用户提供了一个简单方便交流的地方，用户通过 BBS 可以交换文件和信息。BBS 论坛一般由站长创建，并设立各级管理人员对论坛进行管理。衍生的新形式有微博、博客、QQ 空间等等。后面将有详细介绍。

【任务实施】利用互联网获取和存贮信息

办企业搞经营需要多种多样的信息，互联网提供了巨大的信息资源，这些网络信息资源多而分散，信息随时更新，涉及方方面面，信息质量参差不齐。面对浩瀚的网络信息，我们应如何有效搜集、整理和利用这些信息，提高农产品网络营销的效率。应遵循的原则是，在收集和使用网络信息时要做到及时、准确、适度和经济。及时，信息具有时效性，掌握及时的商务信息是企业经营活动最基本的条件之一。①准确，掌握准确的信息是商务活动中作出正确经营决策的依据，否则导致决策失误。②适度，太多的信息会使经营决策者无所适从，这就要求信息收集者提高自身对信息的辨别能力，适度地有目的、有针对性地收集信息。③经济，指的是如何以最低的费用获得必要的信息。

相对于传统商务营销信息，网络商务信息的时效性强、存储容易、查询方便。

搜集到的网络营销商务信息需要收集与整理，下面具体介绍利用互联网获取和存储农产品营销信息的方法。

第一步　打开 IE 浏览器，登录网页

在电脑桌面上双击 IE 图标，完成连接到 Internet，打开 IE 浏览器窗口。或者选择“开始”→“所有程序”→“Internet Explorer”菜单命令，打开 IE 浏览器窗口。

第二步　输入地址信息，访问百度网站

在 IE 浏览器窗口的地址栏里输入百度网站地址“http://www.baidu.com”，按回车键，进入百度网页。如图 1-10 所示。

图 1-10　百度网站

第三步　利用百度搜索信息

1. 输入信息关键字，搜索所需信息

百度将信息分为成大类便于查询，有网页、新闻、贴吧、知道、音乐、图片、视频、地图、文库等，通常默认为网页类型，如图 1-11 所示。例如在百度主页文本框内输入查询关键字“苹果价格”点击“百度一下”按钮，关于“苹果价格”的网页信息将显示出来，单击每一条信息的标题，即可进入相关网页，查询到相关信息。

但此时显示的内容范围较宽，所有包含“苹果价格”的网页内容都会被显示，包含关于苹果手机价格的内容，而且也包含关于农产品苹果价格的内容。因此我们可以输入较为精确的关键字“富士苹果价格”，此时再“百度一下”则会缩小搜索范围。如图 1-12 所示。可见在搜索时，选择合适的关键字，充分体现搜索的主题，可以得到更精确的搜索结果，从而迅速找到自己所需要的信息。

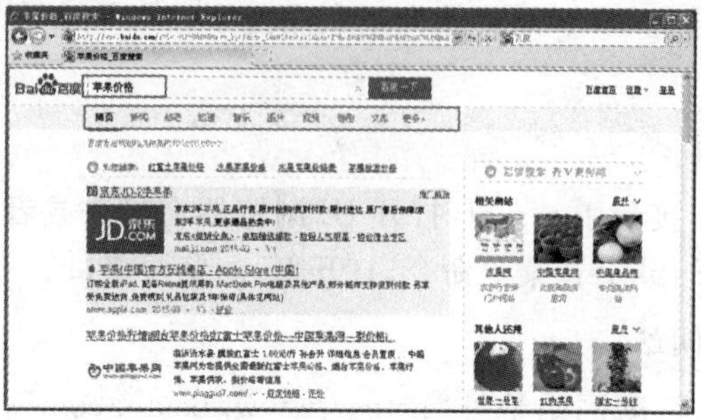

图 1-11 百度搜索

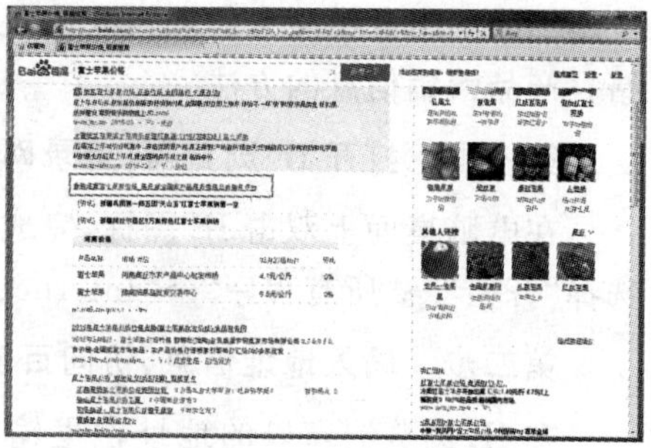

图 1-12 搜索-关键字搜索

选中图中第二条“富士苹果价格_商务部全国农产品商务信息公共服务平台”，则进入商务部全国农产品商务信息公共服务平台网页。

2. 设置搜索类别，精确搜索信息

在搜索类别中，分别设置产品类型，时间范围，地区市场等信息则可实现更为精确的按条件查找。结果如图 1-13 所示。

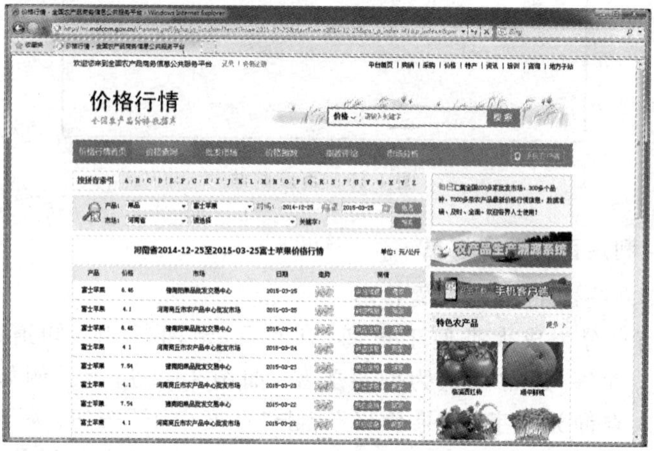

图 1-13 搜索-精确搜索

搜索引擎的应用中如果要查找非常具体的问题，用关键词搜索比较合适。如果希望浏览某方面的信息专题，分类目录会更合适。

第四步 保存查找结果

我们可以将查找到的有用信息保存下来，方便日后查阅。可以对网页中的文本、图像等元素单独进行保存，也可以保存整个网页页面内容和网页地址。

1. 收藏网页地址

(1)添加到收藏夹。选择 IE 浏览器工作窗口“收藏”菜单中的“添加到收藏夹”命令,在弹出的对话框中单击确定按钮,即将相应网页添加到收藏夹中。对已收藏网页,下一次再打开 IE 浏览器工作时若要进入,则不必再键入复杂的网页地址信息了。

(2)打开收藏夹中的收藏网页。选择 IE 浏览器窗口中“收藏夹”,在弹出的对话框中选择“商务部全国农产品商务信息公共服务平台”,直接重新进入“富士苹果价格_商务部全国农产品商务信息公共服务平台”网页进行浏览。如图 1-14 所示。

图 1-14 保存结果-收藏夹

2. 保存网页

若要将查找到的整个网页全部保存,则在打开的网页菜单中选择“文件”→“另存为”菜单命令,弹出“保存网页”对话框如图 1-15 所示。

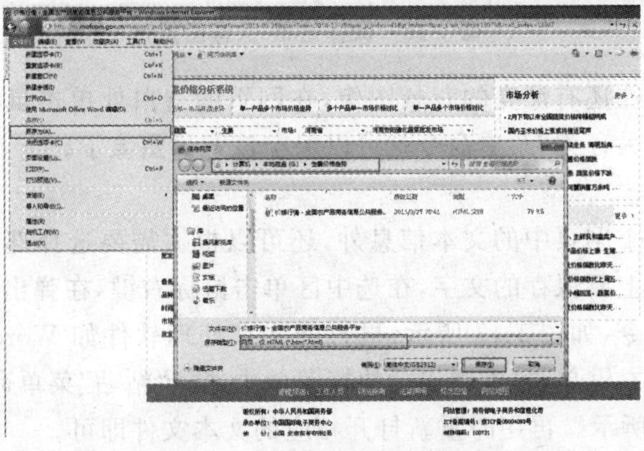

图 1-15 保存结果-保存网页

请在“保存网页”对话框对话框中选择存储位置，输入保存的文件名，若在保存类型中选择“文本文件”则保存网页的所有文本信息；如果是要将网页所有内容保存下来，则在保存类型中选择“网页 HTML”，单击保存按钮。

到保存的位置找到相应的文件，双击，则可重新打开保存的文件，看到相关内容。

3. 保存图片

在百度搜索框中，输入“人参果图片”，点击“百度一下”，搜索到图片。如图 1-16 所示，要保存网页中的一幅图片，将鼠标指针移至搜索到的图片上，右键单击弹出快捷菜单，选择“图片另存为”菜单命令，弹出“保存图片”对话框，在对话框中设置保存的位置、文件名和保存类型，单击“保存”按钮，就可以保存该图像了。

图 1-16 保存结果-保存图片

在网页中往往还有漂亮的背景图像，在网页的空白处单击鼠标右键弹出快捷菜单，选择“背景另存为”菜单命令就可以保存该背景图像了。

4. 保存文本

除了保存整个网页中的文本信息外，还可以根据需要选择部分文本保存。先用鼠标选中网页上要保存的文字，在选中区单击鼠标右键，在弹出的快捷菜单中单击“复制”菜单命令，如图 1-17 所示；再打开文字处理软件如 Word，在新文件中的空白页面上鼠标右键单击，在弹出的快捷菜单中选择“粘贴”菜单命令，然后将文件保存，如图 1-18 所示。再用时重新打开相应的文本文件即可。

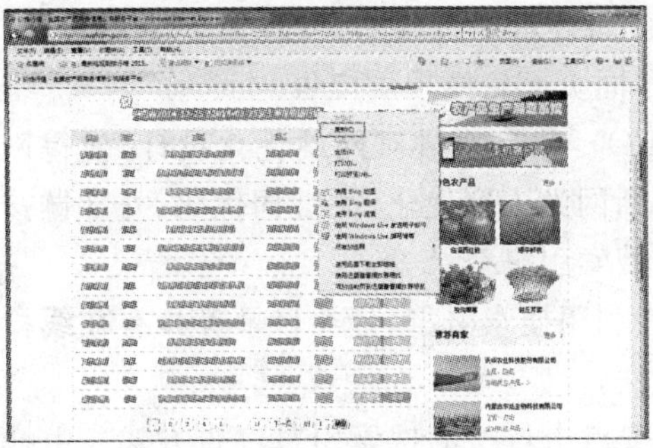

图 1-17　保存文本-复制

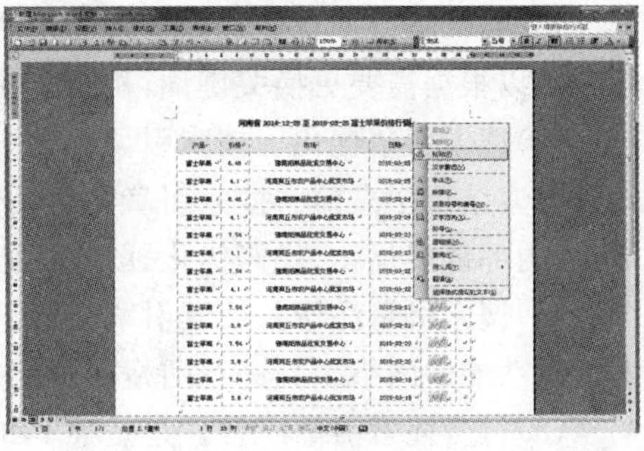

图 1-18　保存文本-粘贴

【任务拓展】

一、搜索引擎营销

搜索引擎营销，是英文 Search Engine Marketing 的翻译，简称为 SEM。搜索引擎营销就是基于搜索引擎平台的网络营销，利用人们对搜索引擎的依赖和使用习惯，在人们检索信息的时候将营销信息传递给目标客户。使用搜索引擎营销的优势是：

(1)定位精准。目标客户群体的消费者是“我需要信息所以我点击你”，而不是被动接收信息，所以能够锁定目标客户群体，定位非常精准。

(2)覆盖广泛。搜索营销是在全球最大的网络搜索平台上进行推广，搜索营销的客户群是全世界的，市场具有全球性。

(3)成本可控。搜索营销是仅当用户点击广告时，广告主才需要支付费用，减少无效广告支出。

二、搜索引擎营销的方法

消费者习惯购买前先进行搜索，这一获得信息习惯的改变，使搜索引擎的使用数量不断扩大，造就了搜索营销的发展空间。更多的搜索引擎营销的方法正在被一一开发，营销推广形式层出不穷，比如竞价排名、关键词广告、搜索引擎优化排名、搜索引擎注册、付费搜索引擎广告等等。搜索引擎营销追求最高性价比，以最小的投入获最大的访问量，并产生商业价值。

(1)搜索竞价排名。竞价排名就是网站付费后才能被搜索引擎收录，并靠前排名，且付费越高者排名越靠前。因此竞价排名服务，是客户为自己的网页购买关键字排名，按点击计费的一种服务。

(2)购买关键词广告。即在搜索结果页面显示广告内容,实现高级定位投放,用户可以根据需要更换关键词,相当于在不同页面轮换投放广告。

(3)搜索引擎优化。搜索引擎优化(SEO),就是通过对网站优化设计,使得网站在搜索结果中靠前。搜索引擎优化又包括网站内容优化、关键词优化、外部链接优化、内部链接优化、代码优化、图片优化、搜索引擎登录等。

(4)搜索引擎注册。搜索引擎注册是指利用搜索引擎、分类目录等具有在线检索信息功能的网络工具进行网站推广的方法。

(5)付费搜索引擎广告。是一种PPC按点击付费的搜索引擎广告方式。由搜索关键字触发一系列广告内容链接,按某种顺序从上到下的排列在搜索引擎结果页面,当这个广告链接被点击的时候,广告主就需为此付费,付费的高低与广告链接的排序位置相关,广告主事先需为这个排序位置出价竞拍。目前最流行的点击付费搜索引擎有百度、360搜、雅虎和Google。

三、搜索引擎营销的基本步骤

1.确定营销目标:营销目的和策略的制定

受到行业差异、市场地位、竞争态势、产品生命周期、消费人群特性等因素的影响,营销目的和策略差异很大,但又对后续工作有着深远影响。所以在推广流程的开始,需要明确以下信息。

目的:提升品牌知名度、提升品牌形象或产品促销等;

对象:白领、学生或IT从业人员等;

策略:让公司网站获得更多的流量或是注册,还是带来更多的订单等。

2.分析营销数据:关键词数据和历史数据分析

关键词数据分析:根据目标受众确定关键词范围,分类整理,并估算不同类型关键词的搜索量,从而洞察受众在搜索引擎上的特性并判定搜索营销机会。

历史数据分析:通过历史数据辅助估算消费、效果和趋势。

3.制定营销计划:关键词表与网站的确立和制定

确立关键词表:确定费用、时间、资源等限定因素,基于营销目的和策略,选定最佳推广组合方案,确定投放使用的关键词表。

通过营销方案和关键词流量、费用、效果预估,配合历史数据,为推广活动设置合理的效果的基准点,例如:总体访问量,平均点击费用,转化量,转化成本,平均访问停留时间等等。如果是较长时间的投放,则需要将标准与推广相关各方达成共识。

制定网站:根据之前对目标受众搜索兴趣点,完成网站的设计和制作。撰写相关创意。设定并测试效果监测系统。

4.实施营销方案:执行及监测

执行:协调各方及时在营销平台上开通账户、上传方案并按时开通上线,实施每日投放数据。

监测:紧密监测每日投放数据和效果数据,细微调整,保持稳定的投放,避免大幅波动。

5.优化营销数据:数据分析与优化

数据分析:数据汇总每周、每月、每季度或在指定时间跨度的数据,生成报告陈述当前形势,进行趋势和效果的数据分析,与推广标准进行比对,指出取得的成绩与不足。

数据优化:基于历史数据、投放数据、效果数据分析及对市场认识的更新,有步骤的调整关键词、创意、账户结构、网站构架和内容、运营流程等不同层级,以达到或超越之前制定的推广标准。如有不可控因素存在,或预期与实际情况差异较大,需要回到目标制定步骤进行基准点的调整并与各方达成共识。

基于数据报告和分析得到的结论,制定优化方案,取得各方确认后实施。需要注意的是,优化不仅仅是对最初计划的裁剪,还需要基于新的数据分析和市场洞察设计新的尝试方向,使整个推广活动进入吐故纳新的正向循环,充分挖掘市场的潜力。

四、搜索引擎营销案例

北京环球博雅是一个少儿英语国际同步教育连锁机构,公司之前采用过招贴海报、灯柱路牌、楼宇广告等传统的宣传方式,也在报纸上投放过广告,但投入大、成单时间长、效率不高。后来公司转向网络推广模式,开始尝试与百度合作,通过搜索引擎的商业推广功能来进一步开拓市场。并且同步在各大门户网站做软文推广(图 1-19)。

公司名称:北京环球博雅教育科技有限公司
公司规模:10～100 人
业务范围:面向全国
行业地位:业内领先
公司网站:www.boya-edu.com

产品类型:少儿英语培训
投放的主要关键词:少儿英语,英语培训,小学英语等
平均每月的营销投入:大于 30 000 元

公司在百度推广运用搜索引擎排名实现网络营销,百度推广是由百度公司推出的一种按效果付费的网络搜索引擎营销推广方式。网络营销方案实施后大大提

升了网站的人气，网站访问人次由日均1 000次增加至2 000次。同时较高的关注度也带来了订单数量的增长，增加订单五成左右。公司的电话咨询量大幅增加，在业内的知名度提高，使用百度推广后公司的市场份额提升2%左右。采用百度搜索引擎营销具有很高的性价比，企业在百度的投入只占所有营销投入的10%左右，但是通过百度带来的新客户的比例却高达50%。可见，使用百度搜索引擎推广营销成效显著。

图 1-19 搜索引擎营销案例

【任务巩固】

1. 收集和使用网络信息时应遵循的原则。

2. 查找农产品政府网、农产品商务信息网、相关农产品企业网、农产品国际经济组织网，抄下网站地址，加入收藏夹。

3. 能够保存网页、复制文本、保存图片，分别保存成三个文件，放在个人文件夹中。

4. 注册58同城网，实际进行一次网络信息发布。

【任务评价】

<table>
<tr><th>项目名称</th><th colspan="2"></th><th>姓名</th><th></th><th>时间</th><th></th></tr>
<tr><th>评价指标</th><th>自我评价</th><th>小组评价</th><th colspan="4">学习体会</th></tr>
<tr><td>能够在互联网上用关键字搜索农产品信息</td><td></td><td></td><td colspan="4"></td></tr>
<tr><td>能够在互联网上发布农产品信息</td><td></td><td></td><td colspan="4"></td></tr>
<tr><td>了解口碑营销</td><td></td><td></td><td colspan="4"></td></tr>
<tr><td>能够保存搜索的图片信息</td><td></td><td></td><td colspan="4"></td></tr>
<tr><td>能够保存搜索的文字信息</td><td></td><td></td><td colspan="4"></td></tr>
<tr><td>能够保存访问过的网页信息</td><td></td><td></td><td colspan="4"></td></tr>
<tr><td>了解网络营销成功技巧</td><td></td><td></td><td colspan="4"></td></tr>
<tr><td>了解搜索引擎营销</td><td></td><td></td><td colspan="4"></td></tr>
<tr><td>关注搜索引擎营销案例</td><td></td><td></td><td colspan="4"></td></tr>
<tr><td>综合评价</td><td colspan="6"></td></tr>
</table>

项目二　实现农产品互联网营销

任务一　实现网上买入

【任务目标】

通过本任务的学习与实践，基本掌握网络购物的基本操作流程，实现货品的网上买入的任务。

完成本学习任务后，你应该能

- 网络消费者分析
- 网上商城购买体验

【知识准备】

一、网络消费者

网络消费者是指通过互联网在网络营销市场中进行消费和购物等活动的消费者人群。

二、影响网络消费者购买的主要因素

消费者的行为是受动机支配的，因此研究消费者的购买行为应先分析消费者的需求和欲望。影响消费者行为的主要因素有以下几个方面：

(1)产品因素。包括产品特性、产品的价格、购物的便捷性、货款的支付方式、网上购买的安全性和可靠性等。

(2)心理因素。消费者的个性心理,包括消费者的需要、动机、兴趣、理想、信念、世界观等个性心理倾向以及能力、气质、性格等个性心理特征,这是影响消费者行为的内在因素,消费者在购买决策上受到多种主要心理因素的影响。主要包括动机、知觉、学习、信念与态度等。

(3)收入因素。市场营销的经济环境主要是指企业市场营销活动所面临的外部社会经济条件。具体来说,主要是指社会购买力。通常影响购买力水平的因素有以下三个方面:消费者收入、消费者支出、居民储蓄及消费信贷等。

(4)社会因素。社会因素指的是消费者周围的人对他所产生的影响,其中以参考群体、家庭以及角色地位最为重要。

(5)文化因素。文化指人类从生活时间中建立起来的价值观念、道德、理想和其他有意义的象征的综合体。文化是决定人类欲望和行为的基本因素。

三、网络消费者购买决策过程

一般来说,网络消费者的购买决策过程,也就是指网络消费者购买行为的形式和实现的过程。其主要包括如下几个步骤:

(1)唤起需求。消费者需求是在内外因素的共同刺激下产生的。外界因素主要包括文化因素、社会因素以及外界直接刺激等;内部因素包括个人因素和心理因素等。

(2)信息收集。信息收集主要有内部渠道和外部渠道两个渠道。在网络购买过程中,商品信息的收集主要是通过因特网进行的,带有较大的主动性。

(3)比较选择。消费者将不同渠道收集到的信息进行比较、分析、研究,了解各种商品的特色和性能,充分考评产品的功能、可靠性和售后服务。

(4)购买决策。购买决策主要是指网络消费者在购买动机的支配下,从两件或两件以上的商品中选择一件满意商品的过程。

(5)购后评价。消费者重新考虑这种购买是否正确,以及服务是否周到等问题。购后评价往往决定了消费者今后的购买动向。以上几个步骤基本上就是大多数网上消费者在进行网上购物时所要遵循的。对于卖家来说,真正了解消费者的购买决策过程,便于企业及时采取相应的营销措施,进而提升其在同行业中的竞争力。

【任务实施】做网络买家

以淘宝网购物为例，买家要实现网上商城购买货品，一般需要下列图示中的几个步骤，如图 2-1 所示。

图 2-1　买家购物一般流程

买家要实现网上商城购买货品的详细步骤如下，以淘宝网购物为例。

第一步　进入支付宝页面，点击“账户注册”，如图 2-2 所示。

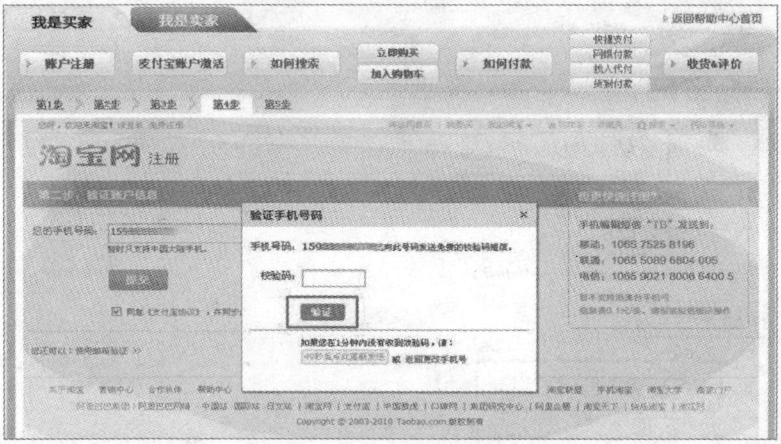

图 2-2　支付宝免费注册

第二步　填写账户信息，如图 2-3 所示。

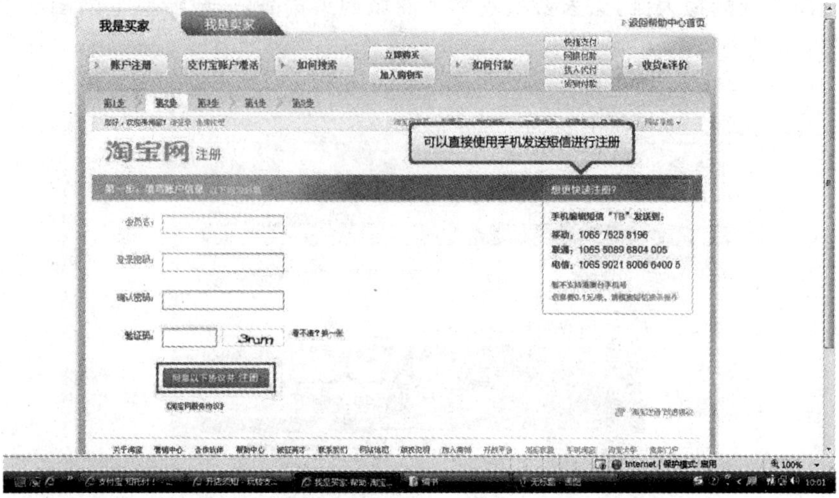

图 2-3　填写账户信息

第三步　输入手机号或邮箱号进行验证，如图 2-4 所示。

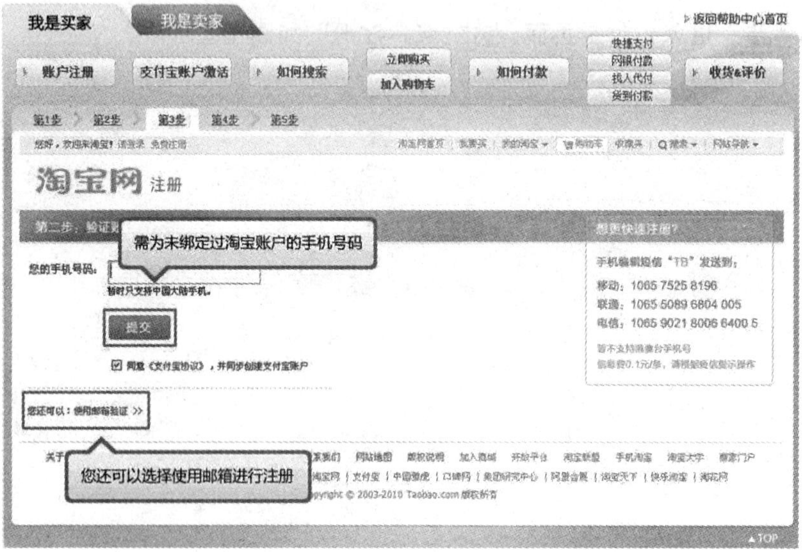

图 2-4　输入手机号或邮箱号进行验证

第四步　输入手机接收到的校验码进行校验，如图 2-5 所示。

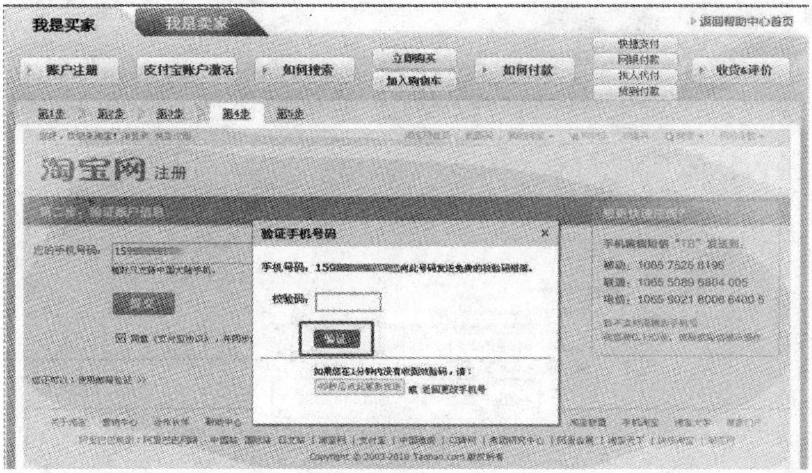

图 2-5　验证用户信息

第五步　账户注册成功，如图 2-6 所示。

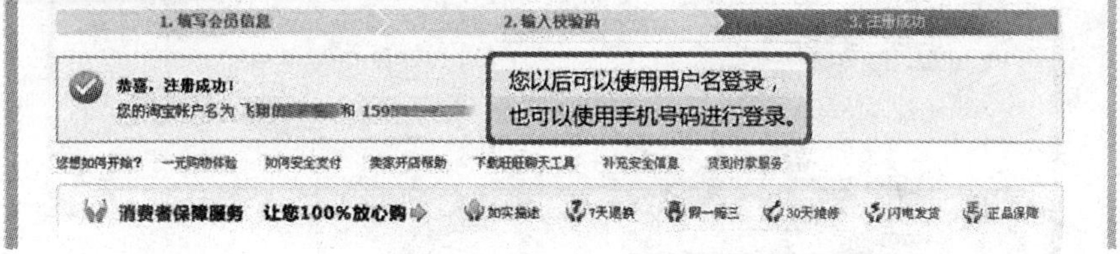

图 2-6　账户注册成功

第六步 支付宝账户激活，点击激活，如图 2-7 所示。

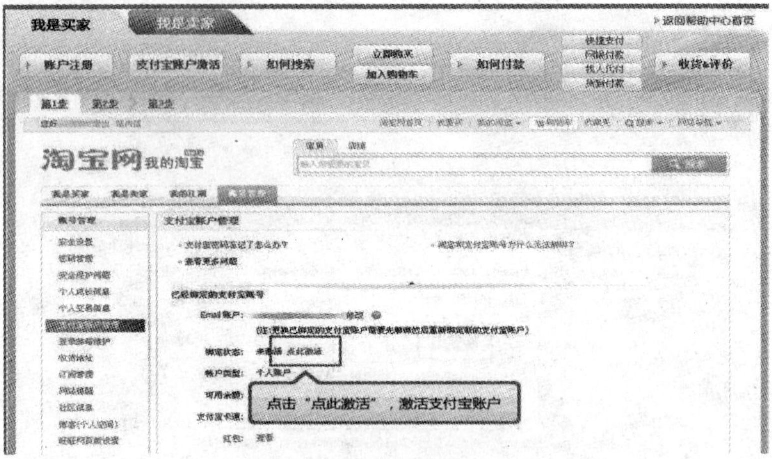

图 2-7 激活支付宝账户

第七步 支付宝激活，补全账户信息，点击确定，如图 2-8 所示。

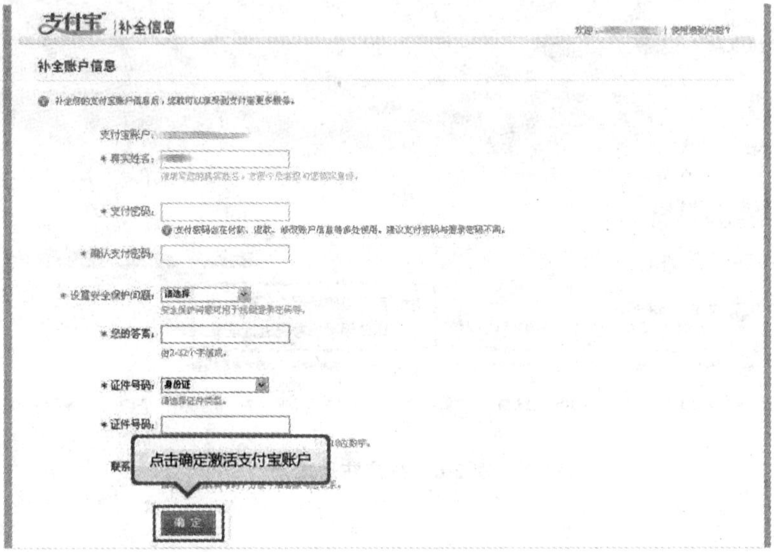

图 2-8 补全账户信息

第八步　补全账户信息成功,如图 2-9 所示。

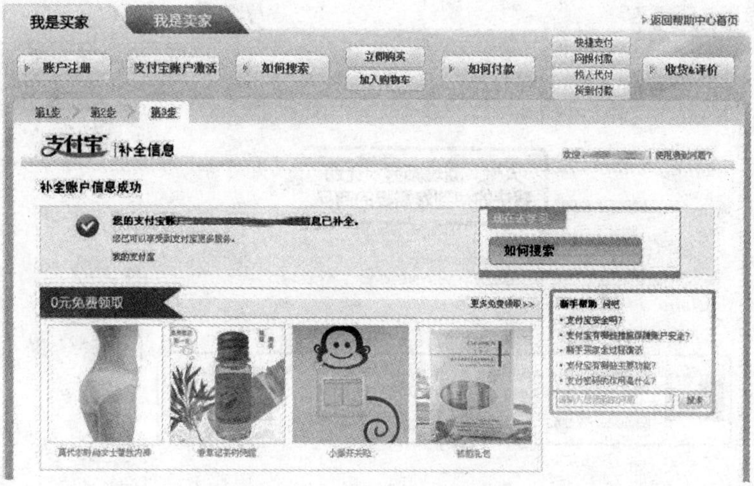

图 2-9　补全账户信息成功

第九步　输入宝贝名称,点击搜索,如图 2-10 所示。

图 2-10　输入宝贝名称

第十步　系统展示搜索到的宝贝，以列表的形式展现，如图 2-11 所示。

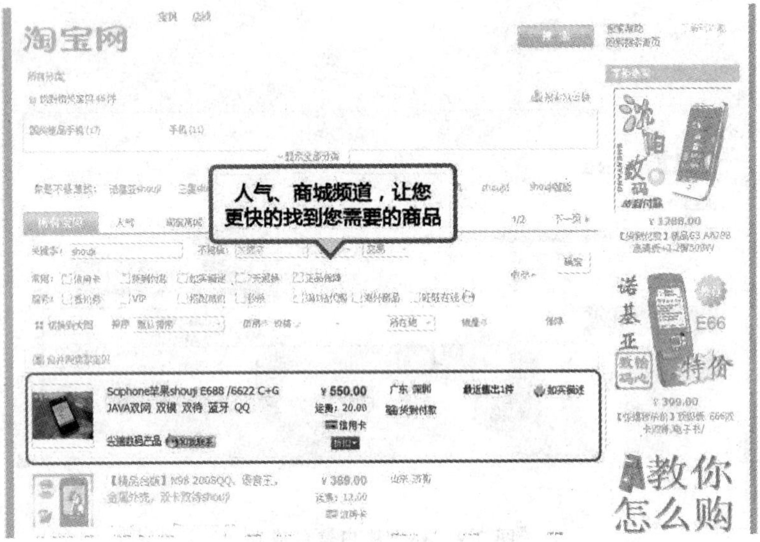

图 2-11　系统展示搜索到的宝贝

第十一步　选定看中的宝贝，点击“立即购买”，或者点击“加入购物车”，如图 2-12 所示。

图 2-12　选定看中的宝贝，点击“立即购买”

第十二步　确认收货地址、购买信息，点击“确认无误，购买”，如图 2-13 所示。

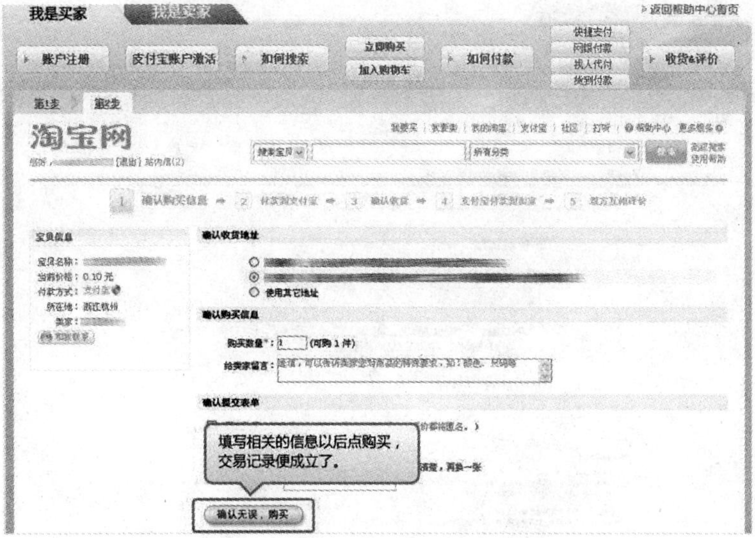

图 2-13　确认收货地址、购买信息

第十三步　选择货款的支付方式，如图 2-14 所示。

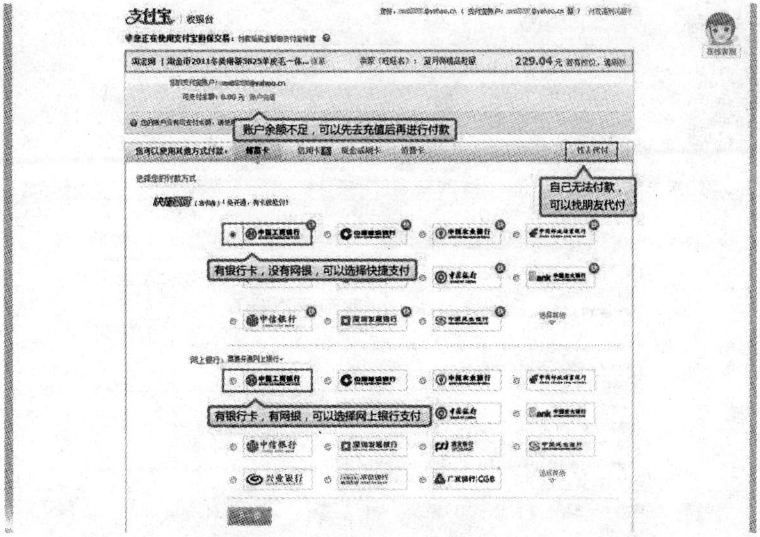

图 2-14　选择货款的支付方式

第十四步　选择网上银行进行付款，如图 2-15 所示。

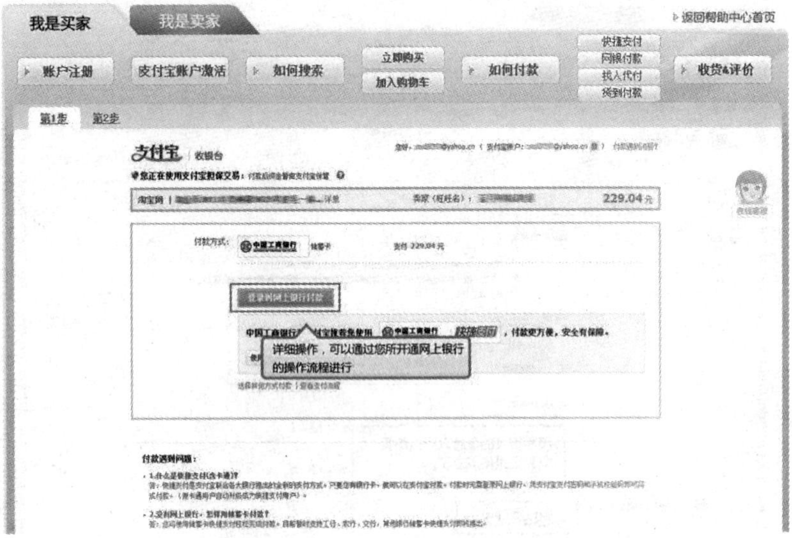

图 2-15　选择网上银行进行付款

第十五步　付款成功，如图 2-16 所示。

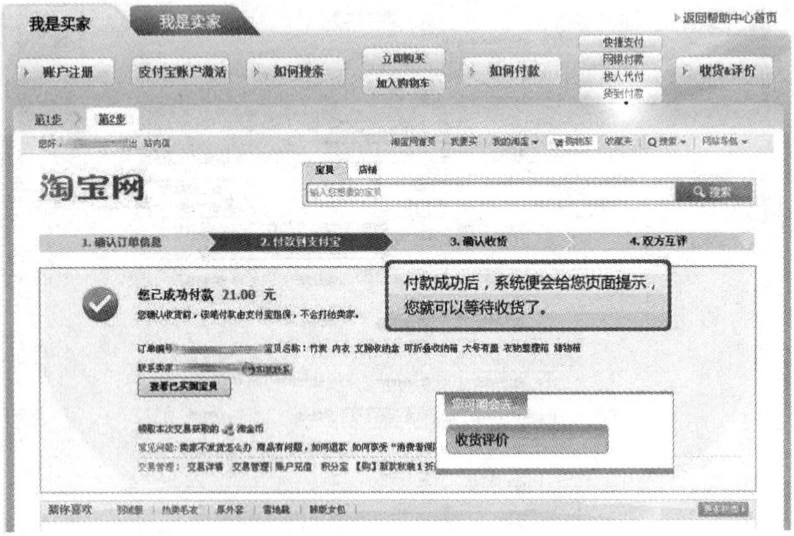

图 2-16　付款成功

第十六步　查看已买的宝贝，等待收货，如图 2-17 所示。

图 2-17　查看已买的宝贝，等待收货

第十七步　收到货品确认没有问题，点击“确认收货”，如图 2-18 所示。

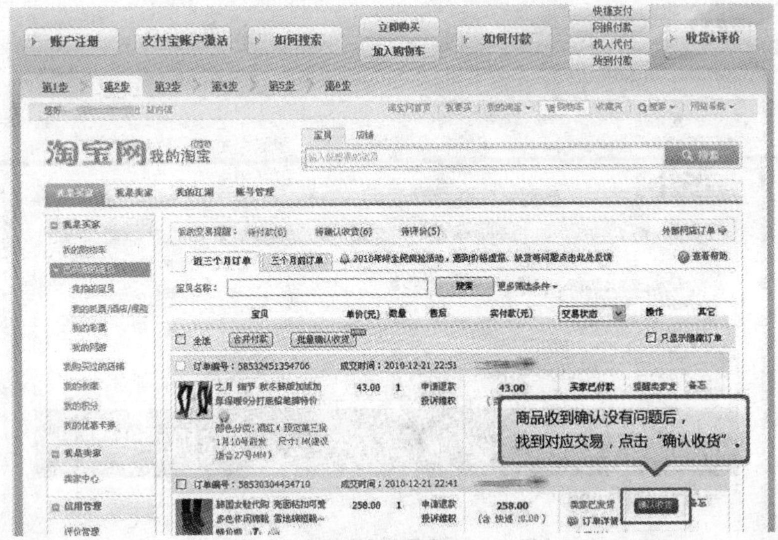

图 2-18　确认收货

第十八步　在第十七步中若发现问题，想退货退款，输入支付密码，点击确定，如图 2-19 所示。

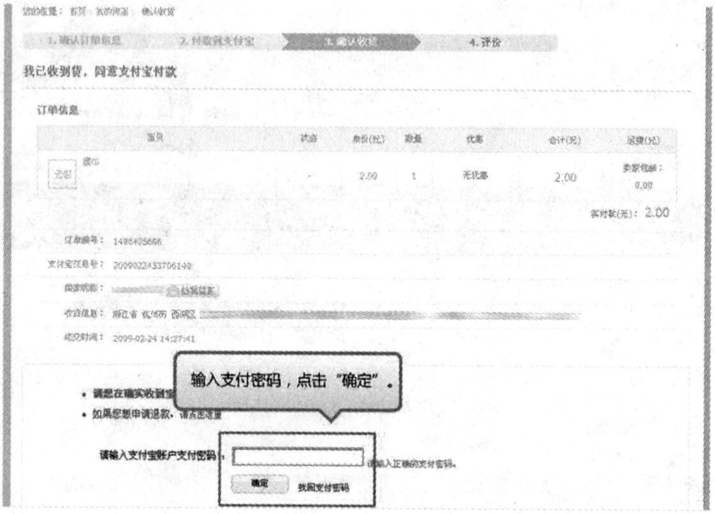

图 2-19　确认退款

第十九步　交易成功，你可以选择对此次交易进行评价，如图 2-20 所示。

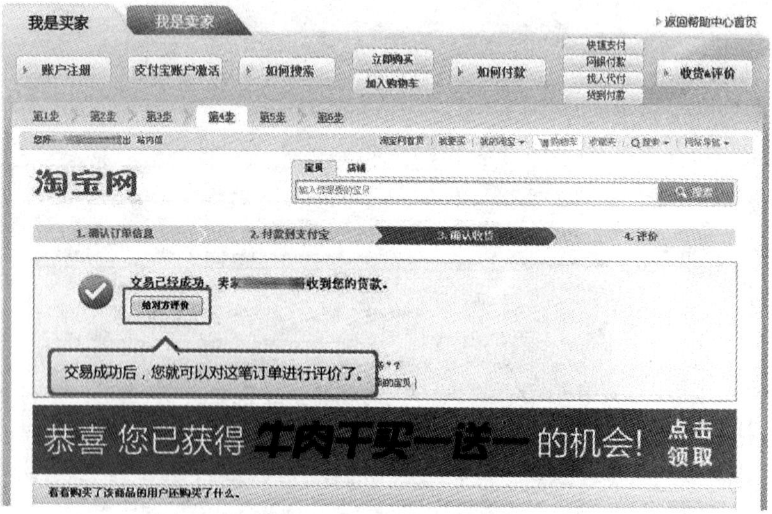

图 2-20　交易成功对交易评价

第二十步　完成信用评价和店铺评分后，点击"确认提交"，如图 2-21 所示。

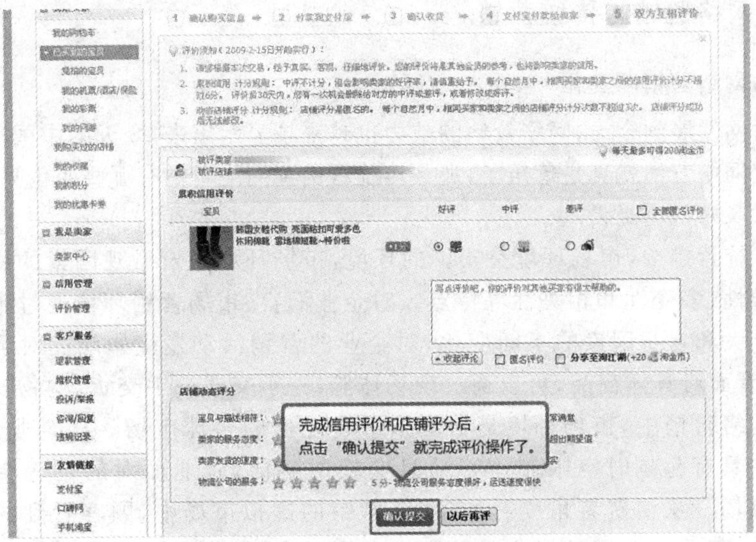

图 2-21　提交评价与评分

第二十一步　店铺评分成功，信用评价成功！完成一次愉快的购物之旅，如图 2-22 所示。

图 2-22　提交评价与评分成功

【任务拓展】

一、网络营销与传统营销

(一)网络营销新变化

互联网发展到今天,网络营销的威力也越来越显示出来,今天的中国哪个创业者不知道网络营销就真是落伍了,那么传统营销到网络营销有哪些变化呢?

1. 互联网环境变化

在传统营销中,市场环境是实体的环境,市场环境因宏微观因素的影响具有地区差异性、多变性和相关性等特点。对企业而言:市场营销环境通过市场内容的不断扩大和自身因素的不断变化,对企业的营销活动发生影响。对消费者而言:消费者面对具体商品,可以通过现场体验,一手交钱一手交货,购物安全性很高。在网络营销中,市场环境是在虚拟平台之上的全球市场。从企业角度看,互联网络具有超越时空限制进行信息交换的功能,企业面对的是一个更广阔的全球市场。从消费者角度看,在网络营销的虚拟市场中,顾客看到的商品并非是实物,而是企业网站对商品的数字化展示,消费者面对的是虚拟的不确定的市场。

2. 消费者变化

在传统营销中,有购买实力和欲望的现有及潜在消费群体分布非常广泛和分散,消费心理会受到家庭、生活方式、社会层次、相关群体、经济文化等多因素的影响,且具有多变性。根据中国互联网中心CNNIC的统计,在网上购物的消费者以具有经济实力的中、青年人为主,具有较低文化水平的网民增加较快,网络消费者追求物美价廉、时髦奇特、时空便捷的消费心理形成的特定消费群体使得企业调研的范围缩小、市场的定位更有针对性、营销策略上更注重消费者的需求,这与传统市场的广范围、难定位、多需求形成鲜明对比。

3. 媒体的变化

传统营销采用的主要媒体是电视、报纸、杂志、广播等形式。而在互联网时代,互联网对社会的影响范围更广,深度更深,给社会带来了颠覆性的变化。

4. 营销战略的变化

首先,互联网具有的平等、自由等特性,使得网络营销降低了跨国公司所拥有的规模经济的竞争优势,小企业也可以在全球范围内参与竞争。另外,由于人人都掌握竞争对手的产品信息与营销活动,因此,胜负的关键在于如何适时获取、分析、运用这些自网络上获得的信息,并采用极具优势的竞争策略。同时,策略联盟将是网络时代的主要竞争形态,如何运用网络来组成合作联盟,并以联盟所形成的资源规模创造竞争优势，将是未来企业经营的重要手段。

5. 营销组合的变化

互联网技术导致营销组合发生了巨大的变化。首先，分销渠道被压缩了，渠道中间商的作用被严重削弱，物流配送的地位越来越重要。其次，顾客订制产品，产品的设计和配置工作部分或全部转移到了消费者手中，营销职能外部化。再次，互联网信息的全球性和透明性，使得同等产品价格差异趋于零，定价由市场决定。

(二)网上销售农产品的优势

鼠标一点，土特产到家。农产品网上销售对买家来说方便快捷，而且实惠。农产品网络营销的发展为这一网络购物不特定人群提供了便利，轻点鼠标，各地土特产、美味小吃，甚至是瓜果蔬菜便会在几天之内送达。减少了中间流通环节成本，通过网络渠道销售的农产品价格往往更低。

对于卖家而言，借助网络，销售速度快。网络增加了消费者购买农产品的渠道，对农户来说，则为解决“卖难”提供了新思路。目前我国农产品网络营销已经形成以第三方网络营销交易平台为基础，零散农户、专业合作社、渠道商共同参与的格局，从事农产品经营的电商仍以零散农户为主。

网上销售，农民增收多。2013 年年底安徽省宣城市广德县皖南竹乡土特产产销专业合作社理事长陈治东与上海的易果网开始合作，借助网站宣传打开了市场，推广了他的“毛腿”土鸡，随着知名度和销量的增加，很多电商主动找上门谈合作。目前，农产品网络营销正在农村地区逐步发展起来，通过搭建起产销直接对接平台，带动了农村发展，促进农民增收。

网络营销与传统营销方式相比，其优势在于投入小、易操作。一台电脑，一根网线，加上电脑操作员，就是一个企业的“网店工作间”。这样的“网店工作间”不要说是农产品加工企业，就是一般的农民都能做到。

与传统营销方式相比，网络营销为农产品销售提供了新渠道，减少了农产品流通的中间环节，既有利于消费者买到正宗特色农产品，也有利于农民将农产品推销出去，实现了多赢。

(三)传统营销的危机

传统营销真的有一天会被网络营销所取代吗？本书的观点是不会，两者会并行，但是在接下来一段时间内网络营销会成为营销的主流。

营销是什么？科特勒有云，营销是发现并满足人需求的过程。只要人的需求不变，营销的基本思路就不会变。基于对人性的深刻理解建立的这些基本思路是传统营销和网络营销共用的根基，也是很多经典的营销理论的根基。从这个角度上来说，传统营销和网络营销，二者并不是对立关系。

(四)网络营销与传统营销的关系

传统营销与网络营销的一致性首先表现在两者之间的目的是相同的，并且在营销策略上可以实现融合。网络营销手段可以直接应用于传统营销策略，也就是传统营销与网络营销的结合，网络营销手段和传统营销手段之间并不矛盾。但是，毕竟网络营销与传统营销的环境不同，网络营销有它的特殊性，有更广泛的内涵，在关注侧重点和研究方法上存在一定的区别。网络营销与传统的营销方式的区别是显而易见的，从营销的手段、方式、工具、渠道以及营销策略都有本质的区别，但营销目的都是为了销售、宣传商品及服务、加强和消费者的沟通与交流等。虽然网络营销不是简单的营销网络化，但是其仍然没有脱离传统营销理论，4P 和 4C 原则仍在很大程度上适合网络营销理论。

二、网络营销的三个重要环节

互联网对于企业的革命意义在于它克服了生产者和消费者之间的时间、空间障碍，缩短了中间环节和渠道，降低了宣传和交易成本。企业网络营销的中心思想就是如何让企业与客户通过网络进行有效的沟通。

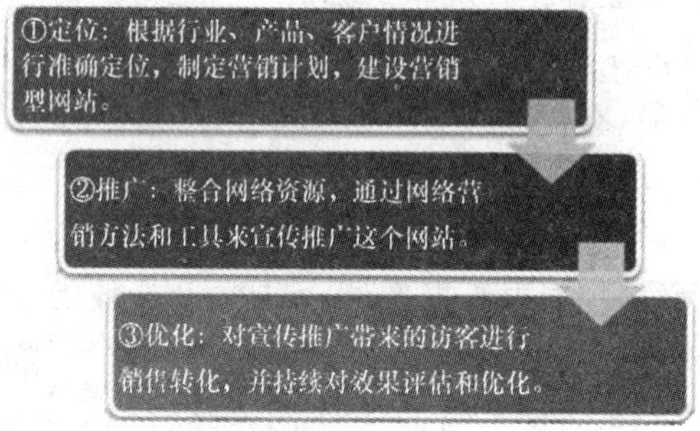

图 2-23 网络营销的三个核心环节

通过网络营销，企业能够更有效地配置营销资源；提升营销效率；以较低的营销成本使企业影响力最大化。而随着我国企业负责人对互联网的理解和运用能力不断提高，多数企业已经逐步开展网络营销工作。那么企业如何才能通过网络营销来提高核心竞争力、从行业竞争中脱颖而出呢？通常网络营销要注意三个重要环节。第一环节，定位：根据行业、产品、客户情况进行准确定位，制定营销计划，建设营销型网站。第二环节，推广：整合网络资源，通过网络营销方法和工具来宣传推广这个网站。第三环节，优化：对宣传推广带来的访客进行销售转化，并持续对效果评估和优化，如图 2-23。

三、农产品网上销售实际经典案例

网络营销经典神话:“山东农民网上卖大蒜”

曾几何时,山东省金乡县金马乡西李村农民因自己生产的菠菜每斤二三分钱还无人问津而一筹莫展!

曾几何时,拥有“中华蒜都”、“大蒜之乡”美誉的西李村村民因信息不灵销路不畅而使大蒜堆积如山,不得不以跳楼价出手!

如今,西李村的老少爷们儿谁不晓得因特网,谁不清楚它的神奇?因特网让他们把菠菜卖到每公斤1元多的好价钱还供不应求,一份1 000吨的大蒜合同已订到了美国……

西李村的人均收入从20世纪90年代初的不到千元,到目前已达3 000余元,西李村也成了全县的经济强村,奔小康带头村。这一切,都离不开他们的带头人——华光实业有限公司董事长、“电脑村长”李敬峰。

案例解读:

农产品从传统的营销模式到如今的网络营销模式,大大提高了营销效率,减少了营销的成本,为农民的增产增收带来了实惠。

【任务巩固】

实操:作为买家,在网络购买农产品一般的操作流程,如图 2-24 ,请按如下操作,实施一次网购农产品的网购之旅。

图 2-24 网购农产品的一般操作流

第一步:电商平台账户注册。

第二步:支付宝账户激活。

第三步:在电商平台上进行宝贝的搜寻。

第四步:立即购买或加入购物车。

第五步:完成货款支付。

第六步:确认收货。

第七步:完成交易评价和店铺评分。

【任务评价】

作为买家如何完成农产品的网络购物,可以按照买家网络购物一般流程逐步实现。

项目名称			姓名		时间	
评价指标	自我评价	小组评价	学习体会			
电商平台用户注册						
在电商平台上进行宝贝搜寻						
立即购买或加入购物车						
完成货款支付、确认收货						
完成交易评价和店铺评分						
综合评价						

任务二　实现网上卖出

【任务目标】

通过本任务的学习与实践,基本掌握网络销售的基本操作流程,实现货品的网上卖出的任务。

完成本学习任务后,你应该能

- 认识 SNS 社会性网络服务营销
- 掌握卖家网络销售的基本操作流程

【知识准备】

一、如何用 SNS 社会性网络服务营销编织品牌支持体系

(一)SNS 营销的定义

SNS(Social Networking Services)即社会性网络服务,旨在帮助人们建立社会性网络的互联网应用服务。风靡美国的 Facebook 就是最典型的成功的 SNS 网站,中国最成功的 SNS 网站则是开心网与人人网。企业可以借助 SNS 网站对用户资源进行开发,进而进行广告投放、群组赞助、整合营销、互动体验营销、口碑营销、虚拟物品的买卖,形成了一个可以产生多种应用的营销平台。

(二)SNS 的口碑传播威力

首先,SNS 营销与其他营销方式的不同之处在于受众在信息的再传播中扮演了一个十分重要的角色。其次,SNS 不仅提供足够的空间为品牌进行宣传分享,更重要的是 SNS 的网民背景精准集中,它不像论坛的受众那么广泛,像唯伊网以大都市白领女性为主要受众的 SNS 平台,正是小蜜蜂这类品牌的最佳选择,特征明显的受众群体使品牌营销更有针对性,效果更为明显。再次,小蜜蜂巧妙地利用了口碑传播的作用力。

(三)SNS 原理

据说是哈佛大学一位心理学教授 Stanley Milgram(1934—1984 年)创立了六度分割理论,简单地说:“你和任何一个陌生人之间所间隔的人不会超过六个,也就是说,最多通过六个人你就能够认识任何一个陌生人。”按照六度分隔理论,每个个体的社交圈都不断放大,最后成为一个大型网络。这是社会性网络(Social Networking)的早期理解。后来有人根据这种理论,创立了面向社会性网络的互联网服务,通过“熟人的熟人”来进行网络社交拓展。现在一般所谓的 SNS,则其含义已经远不止“熟人的熟人”这个层面。比如根据相同话题进行凝聚(如贴吧)、根据学习经历进行凝聚(如 Facebook)、根据周末出游的相同地点进行凝聚等,都被纳入“SNS”的范畴,它只是社交拓展的一种方式。

(四)SNS 营销的特点

资源丰富。无论是综合的 SNS 还是垂直的 SNS,现在都没有特定的用户群体,其中的人员分布很广泛,全国各地的、各行各业的都有,所以,这就给 SNS 网站以无限的资源,由广大用户在使用中慢慢地帮助 SNS 网站积累了资源。其实用户就是资源。

(1)用户依赖性高。由于 SNS 网站积累了较多的资源,所以,SNS 用户可以更

容易的在网站上找到自己想要的，比如，有些人希望找老乡、找些自己喜欢的东西。通过其他用户提供的资源可以解决这个问题。又如，在SNS认识了一些志同道合的人，所以每天都想上去交流一番，逐渐地形成了一定的用户群体，并有较高的用户黏度。

(2)互动性极强。SNS网站虽然不是即时通信工具，但是它的即时通信效果也是很好的。还有可以写一些消息发给好友，这是极其方便的工具。在SNS网站人们可以就自己喜欢的、当下热点的话题进行讨论。可以发起一些投票，发出一些问题，调动所有人的智慧。

(五)SNS网站的价值

丰富的资源就是SNS的最大价值。其实用户可以分为好多种，有人是想通过SNS来多认识些朋友，有人是想通过在SNS上发软文来推广自己的网站，有些人是想写写日志来交到更多志同道合的朋友，有人是想利用SNS的丰富人脉找到工作等等。这些都体现了SNS网站的价值所在。

社会SNS网站的价值是什么？SNS的原文释义为是Social Networking Service的缩写，译为中文就是社会网络服务的意思。英文释义没有一毛钱的意思是“交友”。社会的组成由“人”，“人做的事”，“人的行为”组成。但并不是人的社会行为就是交友。“社会行为”的必要环节是沟通，但沟通并不等于交友，也不等于需要交友后的沟通。

社会网络服务SNS就是通过社会化网络的在线功能，更为方便的维系现有社会的一切行为。

二、网络社会化营销和其他社会化网站

(一)网络社会化营销

新兴的以网络人际关系为核心的社会化网络与传统的论坛相结合起来构建的更为强大的网络社区——SNS社区，作为媒介进行传播的与传统营销完全不同的营销，像Facebook、Twiter、开心网、校内网、51网、新浪微博就是社会化网络营销经典媒介。

社会化网络营销是集广告、促销、公关、推广为一体的营销手段，是典型的整合营销行为，只不过是在精准定位的基础上展开的，偏重于口碑效应的传播。创意、执行力、公信度、传播面样样都要出彩。同时，要树立“精品意识”，减少“互动参与”的疲劳。

(二)社会化网络

1. 简介

社会化网络顾名思义是在虚拟的网络中所存在的一个个小型的社会，这些小

型的社会里面彼此之间发生真实存在的社会活动,为达到某种或者多种目的,拥有共同兴趣的群体所成立的一个个社区而以网络的形式存在，即为社会化网络。

2. 社会价值

社会化网络致力于以网络沟通人与人,倡导通过网络拓展人际关系圈,让用户尽情享受社交和沟通的乐趣。社会化网络以提高网络诚信、建立信任沟通为己任,为互联网应用带来清新健康的新风尚！社会化网络给越来越多的用户带来社交新乐趣用户使用社会化网络的服务,创建诚信安全的个人社交圈,从结交朋友、休闲娱乐、商务投资、学习探讨等等一系列的交流活动中获得乐趣。社会化网络的社交圈拓展模式不但帮用户净化了网络社交空间,而且为用户构建了诚信安全的社交圈氛围。

3. 表现形式

在社会化网络概念逐渐清晰后,出现了其最具代表性的表现形式 SNS。

(三)社会化网站简介

中国的社交网站从初期的单纯模仿、定位相似而进入服务细分,开始会出现针对特定人群的 SNS 网络。目前,国内主要的 SNS 站点有以下几种比较大的类型。

1. 校园生活型

以校园生活人群为核心,已经出现巨头化趋势。

主要站点有：

校内网面向全国学生群体;占座面向全国学生群体;同学面向全国学生群体。

2. 休闲娱乐型

以休闲娱乐人群为核心,目前仍处在上升发展阶段,为突破赢利瓶颈有重心向游戏转型的趋势。

主要站点有：

51 交友,个人空间服务比较有特色;海内面向白领服务,目前活跃人群以 IT 人士主体;开心网,面向职人士的娱乐化的社交游戏;其他休闲娱乐型 SNS 站点……

3. 职业商务型

以职业商务交流人群为核心,目前部分站点发展态势已经放缓,部分站点有休闲娱乐化转型的趋势。

主要站点有：

中国行;若邻网,以商务活动为核心;天际,以商务活动为核心,专门为职业人士服务;其他职业商务型 SNS 站点……

4. 垂真细分型

以特定人群为核心。SNS 以人为核心,地缘特征并没有论坛/BBS 明显,所以把地方SNS站点并入垂真细分型SNS。

王家人以同姓氏寻根交友为主题的社区SNS网站；西屯儿网，西安地区的一家专为西安人提供同城交友的门户型SNS网站；其他垂真细分型SNS站点……

5.交友婚恋型

以交友婚恋为目的人群为核心。

主要站点有：爱情公寓交友；其他交友婚恋型SNS站点……

6.服务扩展型

针对原有用户的服务扩展，在原有网站基础之上引入更多SNS的元素，或考虑建设独立SNS网站，主要为解决用户流失的问题。比较专注核心服务竞争力，SNS做为标配主要目的是追求大而全黏着用户。

腾讯，以即时通信为基础的SNS扩展；阿里巴巴，以电子商务社区为基础的SNS扩展；其他服务扩展型SNS站点……

7.地域型社区

随着多类网站SNS开源现在又出现了一批以地方性质的SNS社区，这些社区服务于地方市场的需求。就像大家评论的那样SNS＋电子商务似乎成为了一种必然趋势。所以像长春人这样的网站推出了服务本地化服务＋SNS的网站.他们更多的是以本地为单位，加上对本地的市场的了解。形成了本地化的交友，本地化的生活服务。本地化网络平台推出的一种特色。像这样的网站目的就是通过本地化的SNS交友＋本地服务不失为一种本地网络发展新形势。

【任务实施】做网络卖家，网上发布农产品出售信息

一、常见的网络销售有在第三方信息服务平台发布农产品供求信息

例如：如何在淘宝网上发布农产品信息。

第一步：首先点击淘宝网的卖家中心。

第二步：在卖家中心左侧找到宝贝上架，点击。

第三步：点击上架后，会出现对所要上架商品的一个分类。这个是总类目可以有2种方式进行设置。

第四步：在上边的一栏是不知道要上的货品该放在那里的时候，可以在里面输入相关名称，系统会自动帮助进行挑选相同物品出现的类目。

第五步：下边的一栏是已知道货品大致应该在什么类目下，进行简单的选择即可。

第六步：选择完成后，点击最下边的蓝色标题框，进入到宝贝描述。要对宝贝

进行描述。

第七步:宝贝描述完成后点击最下边蓝色标题框,开始发布你的货品。

第八步:商品发布完成后会显示,商品发布成功的系统提示。

二、上网免费发布供求信息

例如进入商务快车网站,点击信息发布,进入信息发布页面,分别输入发布主题,选择信息有效期和信息类别,如果有产品可选择产品信息。填写发布内容,点击发布,选择发布的网站类别,确定就可以发布了。如果是第一次发布,在发布前要事先进行一个网站注册的过程,按照提示操作就好了。具体方法:

1. 选择供求信息平台

有许多B2B网站是专门为企业提供信息发布的网站。其中有付费的信息发布网站,如阿里巴巴,也有免费供求信息发布网,如中国小商品城。

2. 选择网络分类广告

网络分类广告是网络广告中的一种,也是企业发布信息的地方。如新浪分类信息。

3. 在线信息服务

在线信息服务其实就是企业名录和简介,通常具有一个或几个网页,企业可以用来发布基本信息,如新浪企业。

4. 选择网络社区

网络社区是指包含BBS论坛、讨论组、SNS社区、博客以及其他社会性网络社区等在内的网上交流空间。企业可以充分地利用这些地方发布免费信息,但是要注意掌握尺度避免广告味儿过浓。

三、发布农产品信息免费网站

可以利用百度等搜索引擎,搜索适合自己的能发布农产品信息的免费网站。如:

(1)企业商户平台,万户网 http://www.wanhu.org/;

(2)供应信息网,商路通 http://www.3566t.com;

(3)免费发布信息网站,金桥网 http://mianfeifabuxinxiwangzhan.ejinqiao.com/

四、图片、文字、视频,发布途径

农产品网络推广载体通常含以下三种形式:

(1)“文字载体”,也就是通常我们所说的撰写软文进行农产品推广。

(2)“图片载体”,即是阿里或者网店的那些图片载体。

(3)“视频载体”,即是一些农产品生产、流通等操作视频,产品展示视频,还有些企业微电影等等。

【任务拓展】

一、文字、图片的制作获取

(一)文字的获取

(1)使用已有的文字;

(2)输入待编辑的文字;

(3)采用文字识别技术 OCR 将图像文字转换为文本文字;

(4)采用语音录入技术输入文字;

(5)从网上下载文字;

(6)用手写笔输入文字。

(二)图片的获取

(1)网络获取;

(2)数码相机获取;

(3)扫描仪获取。

(三)图片的处理常用的软件

如图 2-25 所示。

图 2-25 常用图片处理软件

二、社会化媒体营销策略及实例

社会化媒体营销亦有称社会化营销，是利用社会化网络、在线社区、博客、百科或者其他互联网协作平台媒体来进行营销，公共关系和客户服务维护开拓的一种方式。又称社会媒体营销、社交媒体营销引、社交媒体整合营销、大众弱关系营销。

在网络营销中，社会化媒体主要是指一个具有网络性质的综合站点，而它们的内容都是由用户自愿提供的，而不是直接的雇佣关系。这个就需要社交思维，而不是传统思维模式，如图 2-26、图 2-27 所示。

图 2-26　社会化媒体营销实例

社会化媒体

概念

- 社会化媒体是一个近来出现的概念，大致上指的是“能互动的”媒体，或者说，如果缺乏用户的有效参与，平台基本上就毫无内容的媒体。社会化媒体改变以往媒体一对多的传播方式为多对多的“对话”。
- 在社会化媒体领域，有两个关键词：UGC（用户创造内容）和CGM（消费者产生的媒体）。

类型

- Blog——文字分享
- 视频网站——视频分享（优酷）
- SNS——社交网站（人人网）
- 相册网站——图片分享（比如Flickr.com）
- 定位LBS网站——签到（街旁）
- 微博（Miniblog）

优势

1.社会化媒体对用户的黏着度是传统的网络媒体很难比拟的。
2.多对多形式的“对话”所造成的N级传播，是传统媒体的一级或者两级传播所相形见绌的。
3.社会化媒体，为品牌和消费者之间，提供了一个对话的渠道。

图 2-27　社会化媒体概念、类型、优势

【任务巩固】

完成下列操作:卖家要实现电商平台上卖出自己的货品,完成淘宝账户申请,开店申请,开店信息确认,发布宝贝,卖家发货,完成评价,提取货款等操作。

【任务评价】

农产品在网络中如何完成交易,作为卖家如何完成农产品的网络销售,可以按照卖家网络销售农产品的一般流程实现。

项目名称			姓名		时间	
评价指标	自我评价	小组评价	学习体会			
了解开店须知						
淘宝账户和支付宝账户绑定						
实名认证淘宝账户和支付宝账户						
绑定移动电话						
发货后,收到货款,提取现金或进行转账						
增加促销手段,快速引导新客户						
综合评价						

任务三 实现网上支付

【任务目标】

完成农产品的网上交易,实现农产品网络交易的网上支付。

完成本学习任务后,你应该能

- 了解电子商务
- 学会网络交易与支付

【知识准备】

一、电子商务概述

(一)电子商务

电子商务源于英文 Electronic Commerce,简写为 EC。顾名思义,其内容包含两个方面，一是电子方式，二是商贸活动。电子商务广义的意思是在网络上进行商务贸易和交易。

电子商务通常是指是在全球各地广泛的商业贸易活动中，在因特网开放的网络环境下，基于浏览器/服务器应用方式，买卖双方不谋面地进行各种商贸活动，实现消费者的网上购物、商户之间的网上交易和在线电子支付以及各种商务活动、交易活动、金融活动和相关的综合服务活动的一种新型的商业运营模式。

电子商务指的是利用简单、快捷、低成本的电子通信方式，买卖双方不谋面地进行各种商贸活动。电子商务可以通过多种电子通信方式来完成。简单的，比如你通过打电话或发传真的方式来与客户进行商贸活动，似乎也可以称作为电子商务；但是，现在人们所探讨的电子商务主要是以 EDI 电子数据交换和 Internet 互联网来完成的。尤其是随着 Internet 技术的日益成熟，电子商务真正的发展将是建立在 Internet 技术上的。所以也有人把电子商务简称为 IC(Internet Commerce)。

(二)电子商务的模式

电子商务模式是指企业运用互联网开展经营取得营业收入的基本方式；传统的观点是将企业的电子商务模式，归纳为 B2B(Business to Business)、B2C(Business to Consumer)、C2B(Consumer to Business)、C2C(Consumer to Consumer)、B2G(Business to Government)、ABC 模式(Agents Business Consumer)、O2O(Online to Offline)等七种经营模式。其中：

B2B：主要是指针对各企业之间进行交易洽谈而开设的网站，它要求注册的会员必须是企业，而面对的销售对象也是企业。企业在网站内摆放商品，有需求的企业通过对商品的浏览产生购买意向，通过企业双方洽谈达成协议，实现销售目的。这种形式的交易属批发式。代表网站有阿里巴巴、聪慧网、中国制造网、环球资源网、中国义乌小商品网等。

B2C：是表示商业机构对消费者的电子商务，这种交易模式卖方是企业而买方是个人。即企业通过互联网平台为消费者提供一个新型的购物环境——网上商店，消费者通过网络购物，并且在线支付。代表网站有亚马逊、当当网、京东商城、1号店等。

C2C：是消费者面向消费者销售的经营管理模式。目前在电子商务中个人的销售主要有以下三种：个人店铺，拍卖商品，以物易物。C2C 常用网站平台有拍拍、易趣、淘宝网、新浪商城等。

没有商场，也没有柜台，节约了空间、人力、财力，没有一个远见卓识的企业会错过这样的机会。越来越多的企业都开设了自己的电子商务网站。

(三) 网络营销发展的三个阶段

(1)第一阶段,电子邮件阶段。这个阶段可以认为从20世纪70年代开始,平均的通信量以每年几倍的速度增长。

(2)第二阶段,信息发布阶段。从1995年起,以Web技术为代表的信息发布系统,爆炸式地成长起来,成为目前Internet的主要应用。

(3)第三阶段,EC(Electronic Commerce),即电子商务阶段。EC在美国也才刚刚开始。之所以把EC列为一个划时代的东西,是因为Internet的最终主要商业用途,就是电子商务。同时反过来也可以很肯定地说,若干年后的商业信息,主要是通过Internet传递。Internet即将成为我们这个商业信息社会的神经系统。

(四)我国农业电子商务的发展现状

目前我国农业电子商务初见成效。“十五”期间,我国在农业信息化资源建设方面取得了很大进展。农业部在全国布设了8 000多个信息采集点,相继建立了生产、市场、进出口等50多个数据库。至2005年我国已初步建成比较完善的国家、省、市、县各级农业信息网络平台。网络的服务范围初步覆盖全国80%左右的行政村,在全球农业网站中高居第二。自2004年始,由中国电子商务协会、中国互联网协会、农业部信息中心联合主办,农博网承办的“全国农业网站百强评选”,已逐步见证了我国农业电子商务的发展。互联网是农业电子商务的基础,只有提供农民用得上、用得起的互联网,农业电子商务才能真正发挥作用。随着农村互联网的普及和农村网民的增长,农业电子商务将呈现直线上升态势。

(五)农业物流现状

随着从传统模式下的农产品手对手交易到通过各种资源的整合,利用先进、便携的技术搭建农农业信息应用平台,在网络上实施农产品的交易,实现农业产业信息化,物流成本为农业电子商务的重要制约因素。

和发达国家相比,我国农产品物流还处于落后状态。在“重生产、轻流通”的传统思想影响下,大多数农民还把物流与运输混为一谈。据最新专家统计,我国粮食产后损失占粮食总产量的12%～15%,如能挽回此项损失的50%,可供2 000万人口消费4年,相当于开发数百万公顷的“无形粮田”;我国每年在运送路上腐烂的果蔬达3.7万吨。此外,在农产品市场建设、物流主体的培育等方面仍然存在很多问题,这些问题严重困扰着我国现代农产品电子商务物流业的发展。

二、农产品物流概述

农产品物流是物流业的一个分支,指的是为了物流业的一个分支从生产者到消费者之间的物理性流动。就是以农业产出物为对象，通过农产品产后加工、包装、储存、运输和配送等物流环节，做到农产品保值增值，最终送到消费者手中的活动。通常具有下列几个特点：

农产品物流数量特别大，品种特别多。农产品物流要求高。一是由于农产品与工业品不同，它是有生命的动物性与植物性产品。所以，农产品的物流特别要求“绿色物流”，在物流过程中做到不污染、不变质。二是由于农产品价格较低，一定要做到低成本运行。三是由于农产品流通涉及到保证与提高农民的收入。因此，在物流过程中，一定要做到服务增值，即农产品加工转化，农产品加工配送。

目前在一些网站上，如淘宝、京东商城等都提供了可选择的物流商。销售商也可直接利用普通邮政，或快递公司，如国内的顺丰、申通等物流公司，以及航空、铁路、海运等运输方式来完成送货任务。传统的邮政服务覆盖面广、价格便宜；快递公司的方式快捷、高效；航空、铁路、海运等，则适合大量、远距离货物的运送。

【任务实施】网上收付账

一、网络货款的支付方式

通常情况下货款的支付方式有下列 9 种：快捷支付、网上银行、余额支付、找人代付、货到付款、信用卡分期、网点支付、消费卡支付、国际信用卡支付。常见的买家可选支付方式，如图 2-28 所示。

图 2-28　买家支付方式

二、卖家要完成货款的收付，通常情况下，需要完成下列几个步骤

第一步　登录支付宝首页，点击转账到银行卡，如图 2-29 所示。

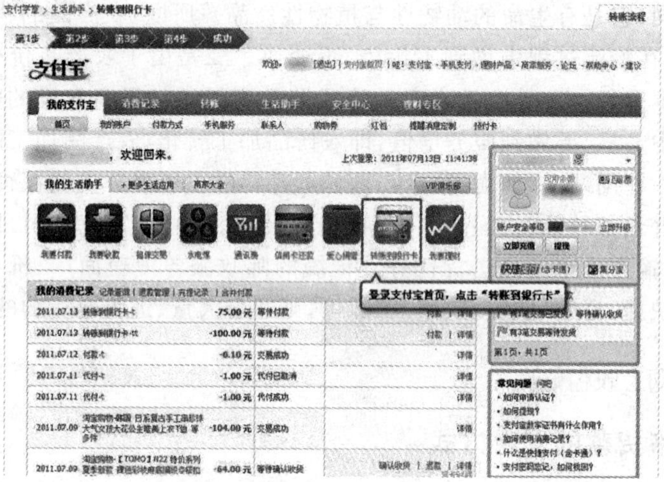

图 2-29　卖家收付步骤-登录支付宝首页，点击转账到银行卡

第二步　选择转账银行卡，如图 2-30 所示。

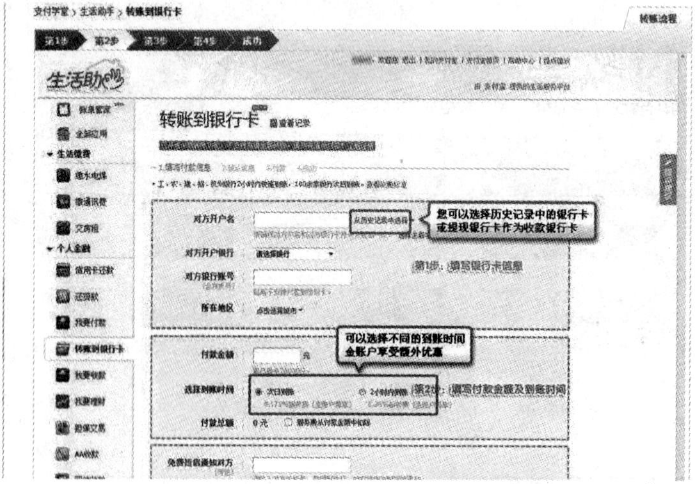

图 2-30　卖家收付步骤-选择转账银行卡

第三步　确认收款信息，并点击确认信息并付款，如图 2-31 所示。

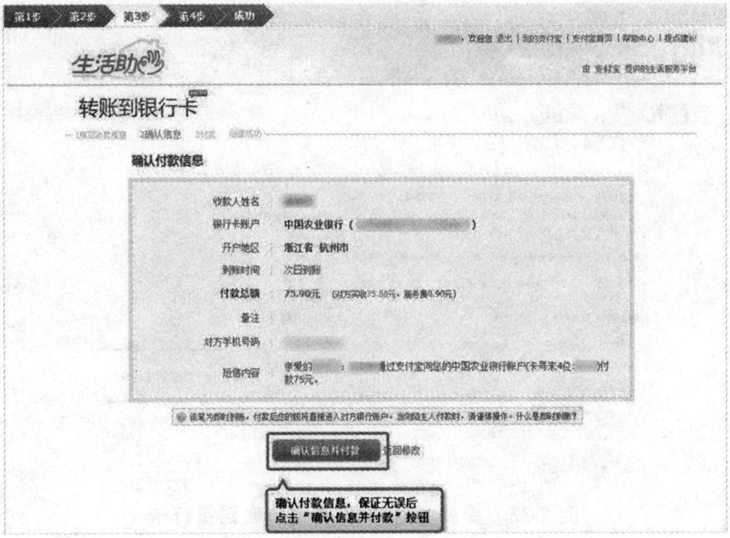

图 2-31　卖家收付步骤-确认收款信息，并点击确认信息并付款

第四步　选择付款方式，如图 2-32 所示。

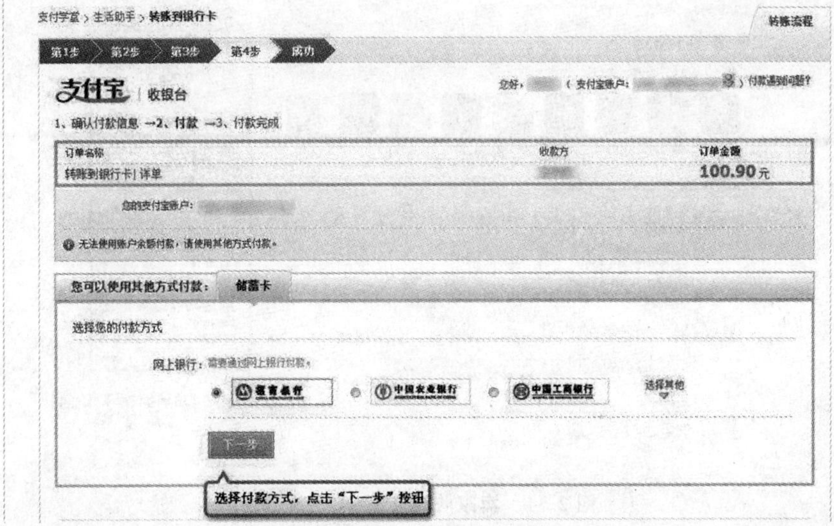

图 2-32　卖家收付步骤-选择付款方式

第五步　点击转账到银行卡，等待付款成功，如图 2-33 所示。

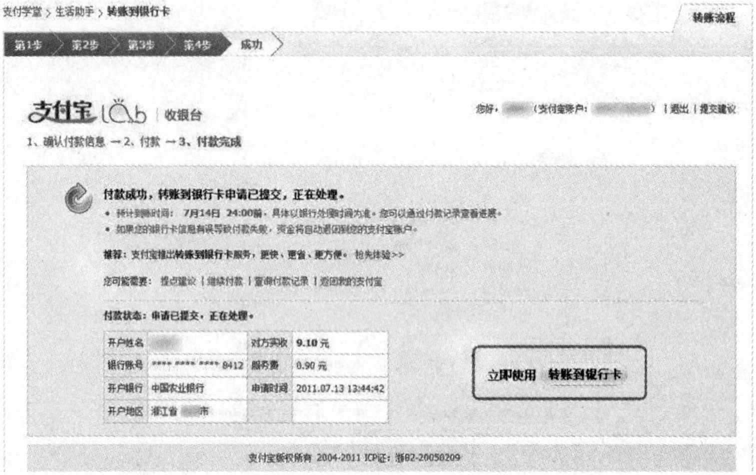

图 2-33　卖家收付步骤-点击转账到银行卡

第六步　点击提现，如图 2-34 所示。

图 2-34　卖家收付步骤-点击提现

第七步　选择提现银行账户，如图 2-35 所示。

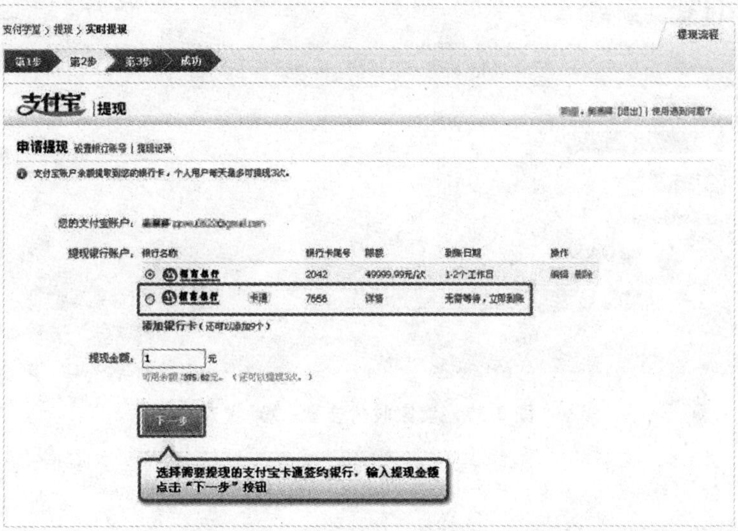

图 2-35　卖家收付步骤-选择提现银行账户

第八步　确认提现，如图 2-36 所示。

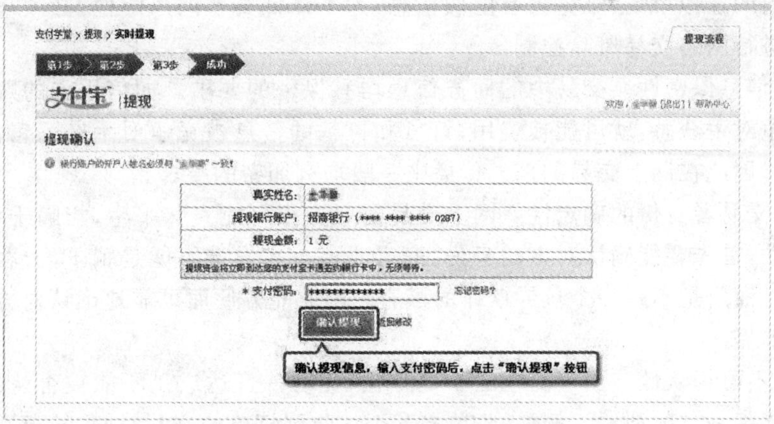

图 2-36　卖家收付步骤-确认提现

第九步　成功提现，如图 2-37 所示。

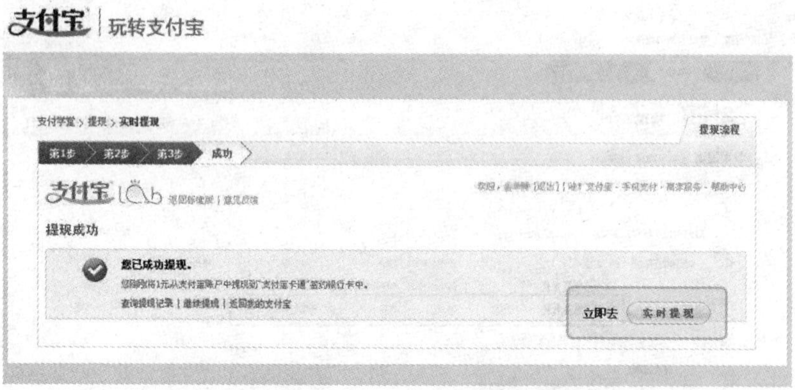

图 2-37　卖家收付步骤-成功提现

【任务拓展】

一、网络营销中的网络风险与安全控制

(一)网络营销风险

网络营销不同于面对面的传统线下市场，它是互不谋面的虚拟空间和只有图片等资料的虚拟市场，难免会有虚假信息，为了降低交易的风险性，必须从以下四个方面进行网络交易风险控制：

(1)信息保密性。交易中的商务信息均有保密的要求。如信用卡的账号和用户被竞争对手获悉，就可能被盗用；订货和付款的信息被竞争对手获悉，就可能丧失商机。因此在网上交易的信息传播中一般均有加密的要求。

(2)交易者身份的确定性。网上交易的双方很可能素昧平生，相隔千里，要使交易成功，首先要能确认对方的身份，商家要考虑客户端不能是骗子，而客户也会担心网上商店是不是一个玩弄欺诈的黑店。因此能方便而可靠地确认对方身份是交易的前提。

(3)不可否认性。由于商情的千变万化，交易一旦达成是不能被否认的，否则必然会损害一方的利益。例如，收单方若否认收到订单的实际时间，甚至否认收到订单的事实，则订货方就会蒙受损失。因此，网上交易通信过程的各个环节都必须是不可否认的。

(4)不可修改性。交易的文件是不可被修改的。如黄金的订购，供货单位在收到订单后，发现金价大幅上涨了，如果能改动文件内容，将订购数从 1 吨改为 1 克，供货单位则可大幅受益,而订货单位则可能因此而蒙受损失。因此,网上交易文件也要能做到不可修改,以保障交易的严肃和公正。

(二)网络营销风险控制的方法

1.完善国家宏观管理体制

保证市场秩序、维护经济运行是政府责无旁贷的任务。在极具发展潜力的网络市场中,政府首先应致力于制度建设和法制建设,使企业的经营活动有序开展,保证社会信用体系的建立健全;其次,政府应以防范制度风险作为基础。针对所有的网络营销风险,或制定恰当的政策,或进行积极的引导,使企业对风险防范和控制有充分的准备;再次,政府还应加强对风险防范的监督和协调,为企业提供诸如市场信息、产业动态等多方面的帮助,尽可能地使企业减少面临网络营销风险的可能性。

2.加强企业制度建设

网络营销风险防范和控制的重点在企业,而企业的制度建设是有效防范各类风险、减少风险损失的主要手段。为有效防范和控制网络营销风险,企业应着重加强有关的制度建设:一是人员管理制度,严格制定各级人员的行为权限,明确其权责范围,以此来规范企业内部人员的行为,并通过教育培训提高人员的风险防范意识和能力;二是风险控制制度,为企业在风险决策、交易管理、危机应急等状况下提供规范的处理方法与应对机制;三是监督制度,通过严格的监督监管,保证各项制度措施能够顺利实施并充分发挥效用。在此基础上,几种制度相互结合,为企业有效防范和控制网络营销风险提供制度保证。

3.建立有效的预防机制

预防机制的建立,虽然需要企业先期投入一定资本,但是完善的预防体系能够有效地帮助企业规避风险,避免网络营销风险带来现实的损失,因此,风险防范应以预防为主。为此,企业需要建立发达的信息处理系统,及时把握行业信息、市场信息、产品信息,增强知识产权保护意识,对企业的数据库和网站进行严格规范的管理,使用有效的安全管理软件等。

4.加强信息安全技术研究

网络营销要适应市场全球化的新形势,信息安全至关重要。加强信息安全研究是我国发展网络营销亟待解决的关键问题。信息安全体系的突出特点之一,是必须有先进的技术系统来支持。在安全技术方面,涉及技术标准、关键技术、关键设备和安全技术管理等环节。

5.建立健全信用评估体系

建立我国完善的信用评估体系是网络营销得以迅速发展的重要组成部分。

6. 完善网络交易的法律

无论网络安全、网上结算还是货物配送，都涉及法律法规问题。只有健全法制，严惩违法者，才能保证网络营销的正常运行。因此，国家必须在立法和执法上加大力度。从网络安全来说，要组织力量，选择符合我国国情的网络交易安全技术，积极开发我国自己的网络安全产品。要强化网络交易安全管理，制定有关的网络交易标准和管理标准，规范买卖双方和中介方的交易行为。要尽快完善网络交易的法律法规，明确交易各方当事人的法律关系和法律责任，严厉打击利用网络营销进行欺诈的行为。

(三)网络营销的守则

网络营销应遵守网络空间的“七条底线”，文明上网，合法营销。

(1)法律法规底线，有法可依、有法必依、执法必严、违法必究，任何时候，无论是网上网下，都将始终做到违法必究。

(2)社会主义制度底线，为我们全面建成小康社会提供了有力地制度保障，我们要积极拥护社会主义及社会主义制度。

(3)国家利益底线，作为国家公民，时刻维护我们伟大祖国的利益，这也是宪法赋予我们每位公民的光荣义务。

(4)公民合法权益底线，我们在网络反腐的同时，切忌不能以“艳照”等不健康、不正当甚至违法手段对别人进行攻击，否则不仅触犯法律，也侵犯了无辜者的合法权益。

(5)社会公共秩序底线，网络世界必须也要遵循一定的秩序规则，唯有如此大家才能营造一个良好健康的网络环境。

(6)道德风尚底线，崇尚美德在我国是延续几千年的优秀传统，网络空间里也要讲道德，不做有违道德之事。

(7)信息真实性底线，要求我们在上网时一定要实事求是，而不能以讹传讹、散发谣传，积极宣传政府部门发布的真实信息。

七条底线是根本，不能突破。我们要做到文明上网，合法营销。

二、农产品网络营销成功案例

寿光“鼠标点一点，农产品卖出好价钱”

寿光，以盛产蔬菜而闻名天下，是全国最大的蔬菜生产基地、交易中心和物流中心，寿光蔬菜价格指数成为中国蔬菜市场的晴雨表。山东寿光蔬菜产业控股集团是总部坐落于中国蔬菜之乡——寿光的一家大型农业产业化企业集团，是全国首批国家级农业产业化重点龙头企业，下辖5家集团公司，总资产达50多亿元人民币。经营业务专注蔬菜全产业链的资源整合和一体化运作，涵盖蔬菜种苗研繁推、基地生产、精深加工、物流配送、农批市场经营、电子商务、温室工程等整个蔬菜产业领域，致力于打造中国蔬菜全产业链行业领航者。作为国内蔬菜行业的领军企业，近年来，寿光蔬菜产业控股集团秉承以"带动农民增收，促进农业增效，推动农村经济发展"为目标，以为广大消费者提供最优质安全的放心农产品为企业宗旨，积极实施农业龙头企业带动战略，初步构建起了蔬菜全产业链运作的完整产业框架体系。依托资源、品牌和产业化运作优势，该集团投资建设了天津、北川两个农产品电子营销交易市场。通过维斯特电子交易市场，北川当地农产品发展业态更加丰富。走进维斯特农产品展示区，记者发现，这里不仅种植有在北川当地常见的金钱草、牛萝卜、开口笑、辛夷、当归、泡参等产品，更有新品种的茄子、南瓜、樱桃、西红柿等外地市场十分走俏的农产品。以通过交易平台获得信息为向导，北川积极发展高山农特产品基地种植、加工销售和种苗组培开发等产业，预计每年可实现销售收入 5 亿多元，直接和间接带动 10 000 多人就业。严格、规范、科学管理，争创国内一流。

案例解析：

通过该案例可以看出：发展农产品网络销售，能有效解决传统的农产品销售模式中遇到的问题。网络销售平台为供求双方提供了一个接洽、交易的平台，借助于网络的优势，信息能快速、直接、有效地在双方之间传递，省去了不必要的中间环节，提高了农产品流通的效率，保证了农产品的质量，也使供求双方获得了切实的利益。此外，农产品网络销售平台也是对各级各类批发市场的有益补充。

【任务巩固】

1. 买家完成网络购物后，进行货款的支付时可以选择哪些支付方式进行？
2. 卖家收到货款，可以先进行货款的银行转账，最后如何进行统一的提现操作？

【任务评价】

项目名称		姓名		时间	
评价指标	自我评价	小组评价	学习体会		
能选择支付平台和支付方式					
能登录支付宝首页					
能转账到银行卡					
能确认收款信息，确认信息并付款					
确定提现银行账户					
成功提现					
综合评价					

项目三　农产品网络营销调研和定位

任务一　农产品网络营销调研

【任务目标】

开展市场调查是了解市场的必要手段，只有了解市场，才能有的放矢的组织产品的生产和销售等活动，最终实现盈利的目的。

完成本学习任务后，你应该能

- 理解什么是网络营销调研
- 掌握网络营销调研的方法
- 能够组织有关农产品网络调研
- 能够设计农产品网络调查问卷
- 能够分析调研结果

【知识准备】

互联网是20世纪人类最伟大的科技发明，影响着世界经济、政治、文化和社会的发展，促进了社会生产生活和信息传播的变革。互联网迅速的发展和普及，也改变了农业的发展方式。长期以来，信息沟通缺乏、市场供需关系失衡和不能有效规避市场风险等问题一直困扰着农业的发展，网络营销为解决这些问题提供了有效的途径。互联网不仅解决了农产品流通的信息问题，网上交易也使农产品因地域性、时间性限制而产生的许多问题都迎刃而解。

任何事物都有双面性，网络营销在给农产品经营带来机遇的同时也带来了挑战。目前，我国的农产品网络营销还存在很多问题。主要体现在网络营销主体不明确，农户生产规模小、难以成为网络营销的主体；农村、农业网络基础设施薄弱；农村、农业信息化人才和营销人才缺乏；农产品标准化程度不高；法律体系不健全和物流网络不配套等问题。

一、市场调查

市场调查是开展农产品网络营销的决策依据，因此开展农产品网络营销前必须先进行市场调查。

（一）市场调查的概念

市场调查就是按照企业预定的要求，采用科学的方法和手段，通过各种有效的渠道和形式，有计划、有组织地搜集与商务活动有关的全部情报资料，为企业未来发展趋势的预测提供依据。

（二）市场调查的程序

市场调查是一项复杂而细致的工作，为提高工作效率，确保调查结果的可靠性和有效性，市场调查必须有计划、有步骤地进行，它包括三个阶段：

(1)预备调查阶段。这是市场调查工作的开始，是为组织实施市场调查做准备，这一阶段的主要任务有：确定调查主题和调查目标、拟定调查方案和计划、进行初步情况分析和非正式调查，为正式调查打下基础。

(2)实地调查阶段。实地调查阶段就是根据调查方案和计划，组织调查人员进行市场信息资料的搜集工作。具体包括：确定所要搜集的资料是实地调查资料(第一手资料)还是文件资料(第二手资料)；在实地调查之前，进行抽样设计；开展现场实地调查。这是市场调查的主体阶段，是花费人力、财力、物力最多，也最容易出现差错的阶段。

(3)调查结果处理阶段。调查结果处理阶段是市场调查全过程的最后一环，也是调查能否发挥作用的关键，它包括资料的整理、分析和撰写调查报告。

（三）市场调查的方法

根据调查的目的要求，调查人员可选用不同的方法进行市场调查。市场调查方法按不同的分类标准可分为多种类型。

1. 按搜集资料的方式分类，可分为询问法、观察法和实验法

(1)询问法。即通过询问的方式向被调查者获取原始资料。根据调查人员与被调查者接触方式的不同，又可分为：第一，人员访问，就是调查人员面对面地调查对象询问有关问题并取得资料。第二，电话调查，就是调查人员通过电话向被调查者询问，以取得调查资料。第三，邮寄(E-mail)调查，就是将设计好的调查问卷邮

寄给被调查者或发到被调查者的电子信箱，请被调查者按要求填好后寄回或发回指定的电子信箱。

（2）观察法。即调查人员并不与被调查者正面接触，而是深入现场观察或凭借仪器记录，获取被调查者的资料。

（3）实验法。即在相对受控的环境下，通过实验对比取得调查资料。调查人员通过控制一个或几个变量（如价格、广告媒体），研究对其他变量（如销售量）的影响，以建立市场变动的因果关系。

2. 按调查范围分类，可分为市场普查、典型调查、重点调查和抽样调查

（1）市场普查。市场普查是指对目标市场进行的全面系统的调查，主要用于搜集比较全面精确的统计资料。

（2）典型调查。典型调查是指从调查对象总体中挑选一部分典型个体进行调查，据以推断总体的一般情况。

（3）重点调查。重点调查就是在调查对象中选择一部分对全局具有决定性作用的重点单位进行调查。

（4）抽样调查。抽样调查是指从调查对象的总体中，抽出一部分个体作为样本进行调查，据以推断整个总体的情况。

二、网上调查

网上调查就是利用互联网进行市场调查。它包括网上直接调查和网上间接调查两种方式：

网上直接调查是利用互联网直接进行问卷调查，收集第一手资料。网上直接调查一般有两种途径：一种是将问卷放置在互联网站点上，等待访问者访问时填写问卷，如中国互联网络信息中心（CNNIC）每半年进行的“中国互联网络发展状况调查”就是采用这种方式。另一种是通过 E-mail 方式将问卷发送给被调查者，被调查者完成后将结果通过 E-mail 返回。

网上间接调查则是利用互联网的媒体功能，从互联网收集第二手资料。网上间接调查一般通过搜索引擎搜索有关站点的网址，然后访问所想查找信息的网站或网页。

同其他方式相比，网上调查具有明显的优点：辐射范围大、费用低廉、网上访问速度快、信息反馈及时、匿名性好，对于一些人们不愿在公开场合讨论的敏感性问题，在网上却可以畅所欲言。当然，网上调查也有缺点，其中最主要的就是样本对象的局限性，也就是说网上调查仅局限于网民，因而带来了调查误差。此外，所获信息的准确性和真实性程度难以判断。

三、竞争对手调查

竞争对手调查是通过合法手段，针对特定行业的竞争对手企业或潜在竞争情况进行的调研。竞争对手调查的目的是帮助企业识别现有竞争对手，发现潜在竞争对手，深入了解竞争对手的竞争实力，掌握竞争对手的动向，为企业制订有效的竞争战略和策略提供重要的信息支持和参考依据。

竞争对手调查的主要内容包括：竞争对手的市场占有率分析，竞争对手的财务状况分析，竞争对手的产能利用率分析，竞争对手的创新能力分析和对竞争对手的领导人分析等。

【任务实施】开展调查

第一步　调查和研究背景资料

“洛阳牡丹甲天下”，洛阳牡丹产量占全国市场 3/4，而洛阳牡丹产量又以孟津县马屯镇居首。王明是洛阳市马屯镇一位牡丹种植大户，牡丹种植给他带来了丰厚的收益。但是近几年来越来越多的农民加入到牡丹种植的行列中，使他对牡丹种植的前景产生了忧虑，他决定开展牡丹市场调查。

第二步　确定调查主题和调查目标

王明主要担忧的是“盲目扩大牡丹种植规模会使市场饱和，从而导致牡丹销售困难。”所以他决定把掌握牡丹市场现状作为市场调查的主题和目标。

第三步　确定农产品网络市场调查的对象

洛阳有很多家规模较大的观赏牡丹园，如：国家牡丹园、神州牡丹园等；还有众多的牡丹研究机构，如：牡丹研究园、洛阳市牡丹生物学重点实验室以及与王明合作的牡丹批发商。这些机构对牡丹需求市场、牡丹习性、牡丹的开发技术都有很深入的研究，所以王明决定把这些机构作为本次牡丹市场现状调查的对象。

第四步　制定调查计划

网络市场调查需要是制定有效的调查计划，包括资料来源、调查方法、调查手段、抽样方案和联系方法 5 部分。

1. 资料来源

王明首先整理出这些年来他在牡丹种植和交易中积累的所有原始资料，又通过搜索引擎在网上收集到一些牡丹需求方面的资料，如图 3-1 所示。

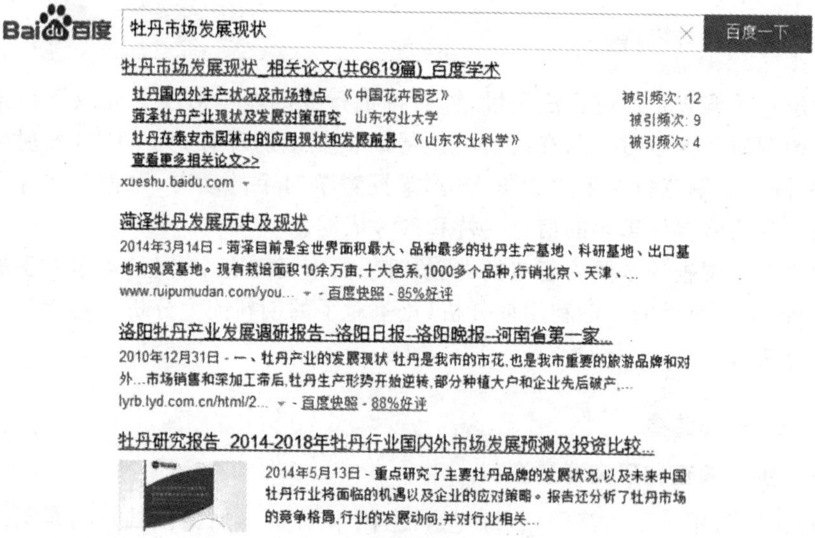

图 3-1 网络资料调查

2. 调查方法

王明通过分析决定采用网上问卷调查法。

3. 调查手段

网络市场调查可以采取在线问卷和软件系统两种方式进行。在线问卷制作简单,分发迅速,回收也方便,但须遵循一定的原则。所以王明采取在线问卷调查方式。

4. 抽样方案

本次网络市场调查一共选取了 20 个单位,每个单位 10 份问卷,共有 200 份调查问卷。

5. 联系方法

王明主要采用的是用 E-mail 向调查对象发送及回收调查问卷。

第五步 开展牡丹市场现状网上调查

先从网络获得较新资料和讯息,或者直接借助网络向消费者展开问卷调查,以获得第一手资料。问卷示例如下:

牡丹市场现状调查问卷

为了解牡丹市场现状,为牡丹种植规模化和科学化提供依据,我们展开了此次调查工作。麻烦您认真如实填写,谢谢您的大力支持和配合!

1. 您目前从事哪方面的职业？

A. 牡丹销售　　B. 牡丹养护　　C. 牡丹加工　　D. 牡丹研究

2. 您认为目前的牡丹种植规模能满足市场的需求吗？

A. 已经供过于求　B. 基本满足　C. 不能满足

3. 您对目前我们种植的牡丹的质量满意吗？

A. 非常满意　　B. 基本满意　　C. 不满意

4. 您认为我们种植的牡丹品种足够丰富吗？

A. 非常丰富　　B. 一般　　C. 品种较少

5. 您认为普通消费者对牡丹的需求量大吗？

A. 非常大　　B. 一般　　C. 很小

6. 您认为牡丹的国际市场现状如何？

A. 很好　　B. 一般　　C. 很好

7. 您认为采取网上销售牡丹这种方式如何？

A. 好，销售范围广　B. 不好，不易运输

8. 牡丹深加工产品具有较高的美容、保健价值，您对相关产品有兴趣吗？

A. 有，很期待　　B. 看看吧，不一定　C. 不会，市场前景不好

9. 您认为牡丹都有哪些价值？（多选）

A. 观赏　　B. 食用　　C. 药用　　D. 艺术加工

10. 您希望利用牡丹开发什么类型的产品？

A. 观赏　　B. 食用　　C. 药用　　D. 艺术加工

11. 您对我们种植牡丹的规模和技术有什么指导意见？

12. 您觉得本次调查存在的问题和有什么情况没有涉及到，请提示？

感谢您的配合，祝您生活健康愉快！

第六步　调查结果分析

王明将所有回收的问卷进行了统计分析发现：目前洛阳市牡丹种植规模仍然不能满足市场的需求，并且产业化和规模化程度不高；牡丹管理粗放，牡丹品质较低，品种较少；牡丹技术落后，牡丹深加工产品较少；缺乏完整、规范的标准化生产体系，牡丹的出口市场仍然很难突破。

【任务拓展】

一、农产品网络营销调研分析和决策

开展农产品网络市场调查过程是属于数据搜集的阶段，搜集好数据后，调查者应整理和分析搜集到的数据，分离出重要的信息和结论。我们还需要对问卷表中的数据进行检查，以确保其准确性和完整性，并把数据编制代码，以便于进行计算机分析。调查者最后将结果列表，并计算平均值和其他统计值。

在这一步中，调查者应解释调查结果，进行总结，并向管理者进行汇报。调查者不应用大量的数字和统计技术来淹没管理者，而应提供对管理者决策有用的重要结果。

然而，解释工作不仅仅是调查者的事务。调查者是调查设计及统计学的专家，但营销经理更了解所面临的问题和应作的决策。许多时候，结果可以用不同的方式去解释，调查者与营销者的讨论有助于找到最佳解释。解释是营销过程中的重要步骤，如果营销人员无察觉地从调查者那里接受错误的解释，那么调查做得再好也毫无意义。同样，营销人员也可能会带偏见地进行接受——他们容易接受和自己预期结果相同的调查结论，而拒绝他们未曾预料或不想要的调查结果。因此，营销人员应和调查人员紧密合作，共同接受调查结果，而且双方应对调查过程和产生的决策承担共同责任。

二、案例：农产品插上信息化的翅膀　网络销售农产品逐渐兴旺

“上传供应信息、搜索求购信息、查看全国各地农产品价格……一根细细的网线，一个小小的鼠标，就能顺利地把我们的产品信息传出去，还能直接交易，真是太方便了！”这是在1月18日的冬季农产品网络购销对接会上，记者听到农户们的普遍心声。

农民们最害怕的就是家里种养的东西卖不出去，从新年开始，为期一个月的“山西省冬季农产品网络购销对接活动”，将通过全国农产品信息服务平台网，解决农产品卖难和丰产不丰收的问题。

（一）酒香通过再深再远的巷子也能飘出去

过去由于信息闭塞，市场观念滞后，导致好的农产品卖不出好的价钱。现在，电子商务作为一种新兴商业业态，正在给传统的农产品流通模式注入新的发展活力和动力。如今在农村，一些嗅觉敏锐的农民从网络中嗅到商机，网络销售农产品正逐渐兴旺起来。

在辣椒种植大村，忻州市忻府区曹张乡谷村，冬闲一点儿也不闲。农民刘彦君正忙着准备他新年的第一笔生意，几天前通过网络下单订货的四川客户就要来村

里收货。早在2011年，刘彦君就在全国农产品信息服务平台网上免费注册了会员，做起了网商。几年下来，他足不出户便将自家的辣椒卖到了全国各地。

去年7月6日，开全省先河的农民增收网农村电子商务运营模式在晋中正式启动，意想不到的是，广大农户参与热情非常高。一个多月的时间，就有23万农户升级为农民增收电子明白卡农户，7.6万农户依托“惠农商城”办起了实名制网店，出售农副产品50余种，地头货源15种，销售总计206万元，库存价值达9 000余万元。

临县木瓜坪乡张家沟村的农民王小帮，在这交通不便、通信落后的山沟沟里，敏锐地抓住了网络发展的大趋势，在村子里干了一件稀罕事儿：他瞅准了城里人爱吃粗粮的习惯，在淘宝网上开了一家“山里旺农家店”，专门卖城里人买不到绿色的花生、小米、红枣、核桃等农产品。王小帮的生意越来越红火，他经营的店铺也被评为淘宝网络十家“创业先锋奖”。如今，王小帮的品牌不仅打响了，成立了自己的公司，还被邀请前往纽约为阿里巴巴敲响了上市的钟声。

(二)给传统的农产品营销带来新思路

“以前我们种植辣椒是自己种、自己销，销路不稳定，相对来说风险比较大。现在通过网络销售，我们的辣椒价格有了保障，没有了后顾之忧，每亩比以前多卖二三百元。今年我种了一百多亩，卖了十来万斤，挣了40多万元，除去一些投资还能挣个十几万元”。忻州市忻府区曹张乡谷村村民刘俊平说。

山西省是一个农业大省，特别是土特农产品产量丰富，质量独特，比如小杂粮、红枣、核桃、苹果等农产品生产者数量众多，但是规模较小，高度分散，导致农产品销售手段落后，市场信息不畅，缺乏稳定的销售渠道，网络的出现在一定程度上缓解了以上难题。农产品网络营销是以互联网为基础的一种全新的营销方式，利用互联网无时空性、高效率性和交互性等特点来拓展农产品的市场空间，也是解决农产品销售难问题、提高农民收入的有效途径。

农业大市忻州，农产品资源丰富，品种繁多，特别是杂粮生产在全省占有重要位置。随着市场经济的不断发展，农产品流通不畅成为当前阻碍农业和农村经济健康发展、影响农民增收农村稳定的重要因素之一。忻州农业信息网的建立为该市农产品流通注入了新的生机和活力。该市于2012年开始着手建设的农产品网上市场“忻州农产品电子商务平台”和“忻州农产品网购商场”这一平台使该市所有加工企业及合作社、种、养和名优特产等全部实现网售。据了解，一系列的信息网络化服务，对该市农业和农村经济结构调整、农业科技创新、特色种养业发展以及农副产品营销等起到了先导作用，每年直接创造经济效益5 000万元以上；更直接促进了全市农产品生产销售的市场化进程，目前全市农副产品网售率已达到20%以上，其中加工企业网售率达50%以上。

(三)打破时空限制扩大了销售范围

“我们的辣椒80%是通过公共信息服务平台销出去的，主要销往山东、河北、四川”。刘彦君说。

山西大学商务学院从事特色农产品品牌现状分析和营销对策研究的李耀东教授认为：过去，山西省农产品的销售由于信息和交通限制，主要局限在本省及周边临近省市，影响到农产品的流通范围和流通效率。农产品网络营销是以互联网为基础的一种全新的营销方式，利用互联网销售农产品可以打破时间和空间的限制，可以实现24小时在线服务，把生意做到省外乃至国外，拓展了农产品交易的地理范围。

同时，促使农产品信息更加透明化。网络市场是一个完全竞争市场，完全透明的市场，农产品经营主体可以通过网络获取市场需求方面的准确信息，可以通过网络了解农产品市场的价格信息，有助于其增强对市场的判断能力，增强决策的有效性。

而且，还减少流通环节，降低农产品价格。一方面，大量优质的农产品被经销商低价收购；另一方面，城市里的富裕人群却无法信任传统渠道的农产品。传统的农产品流通环节过于复杂，成本太高，影响到农民和消费者的利益。网络营销由于环节较少，可以降低流通成本进而降低农产品最终销售价格。

电子商务作为一种新型的交易方式，将生产企业、流通企业、消费者和政府带入了一个虚拟的网络市场。农产品借助网络来销售，可以减少流通环节，降低流通成本，对买卖双方都是有益的，既可以提高农民收入，也可以促进农村经济结构转型，促进农产品流通模式变革。(选自《山西经济日报》)

【任务巩固】

1. 什么是网上市场调查？

2. 网上市场调查的步骤有哪些？

【任务评价】

项目名称		姓名		班级	
评价指标	小组评价	自我评价	学习体会		
为自己的产品开展市场调查					
做好市场调查计划					
设计市场调查问卷，开展市场调查					
分析调查问卷					
综合评价					

任务二 农产品网络营销定位

【任务目标】

市场定位的实质是使本企业与其他企业严格区分开来,使顾客明显感觉和认识到这种差别,从而在顾客心目中占有特殊的位置。

完成本学习任务后,你应该能

- 理解什么是市场定位
- 掌握农产品网络定位的策略
- 掌握农产品网络定位的步骤
- 能够分析目标市场,准确为自己的农产品进行网络营销定位

【知识准备】

一、农产品网上市场定位的概念

农产品网上市场定位是指农产品生产经营者根据竞争者现有产品在网上市场上所处的位置,针对消费者对该农产品某种特征或属性的重视程度,强有力地塑造本企业产品与众不同的鲜明个性或形象,把这种个性或形象传递给顾客,从而确定该农产品在网上市场的适当位置。

在市场营销过程中,市场定位离不开产品和竞争,因此市场定位、产品定位与竞争性定位三个概念经常交替使用。市场定位强调的是企业在满足市场需要方面,与竞争者比较,应当处于什么位置,使顾客产生何种印象和认识;产品定位就是产品属性而言,企业与竞争对手的现有产品,应在目标市场上各自处于什么位置;竞争性定位则突出在目标市场上,和竞争者的产品相比较,企业应当提供何种特色产品。三个术语在实质上,是从不同角度认识同一事物。

网上目标市场决策,决定了一个企业的顾客和一批竞争对手。网上市场定位则进一步限定了这个企业的网上顾客和竞争对手。网上市场定位还有利于建立企业及其产品的市场特色。在现代社会,同一市场上有许多同一品种的产品出现的情况大量存在,给这些产品的生产厂家和经营者造成严重的威胁。企业为使自己生产或经营的产品获得稳定的销路,防止被别家产品所替代,唯有从各方面为其产品培养一定的特色,树立一定的市场形象,以求在顾客心目中形成一种特殊的偏

爱,也就是说,进行市场定位。

商品经济的发展,竞争日趋激烈。企业想让顾客在浩如烟海的产品中找到自己的产品,购买自己的产品,得有一定的特色,要与竞争者的产品有所差别,培养顾客的忠诚度。随着电子商务的发展,网络营销的关键之一,也在于市场定位。

二、网络营销定位类型

网络营销的定位主要体现在以下几个方面:

(一)网络盈利模式定位

互联网作为一种依托新技术的行业,既是传播媒介,又是独立的市场个体。所以,在互联网经济中,除了具有传统商业的规律和原则,也有着其自身独有的区别于传统商业环境的规律、逻辑。此外当前互联网媒体所处的生存和发展环境正在经历巨大的变化,新技术、新媒介产品和服务层出不穷,互联网媒体也在尝试通过各种方式获得盈利,而靠什么盈利、如何盈利是每个互联网媒体首先关注的问题。就目前来说,可以大致将盈利模式概况为以下几种:

1. 广告盈利

广告是传统媒体的主要盈利模式,互联网媒体对广告的依赖虽然不如传统媒体那样,但广告仍然是其重要的收入来源,新浪网就是典型的用广告来赢利的门户网站。网络广告已成为中国互联网产业的支柱性商业模式。创下 50%的年增长速度,远远超过电视和报纸。除了品牌图形广告和付费搜索等主要形式,视频广告、富媒体广告、页面关键字广告、游戏内置广告等各种新形式的网络广告相继出现。而广告投放的精准性以及互动式广告是互联网广告区别于传统媒体广告的重要形式。

2. 销售盈利

销售盈利就是利用互联网销售产品或者帮助生产商销售产品,销售盈利模式从根本上说,是传统产品营销方式在互联网上的延伸和发展。其中最为典型的就是电子商务,电子商务服务一般分为 B2B、B2C、C2C 三种类型。电子商务销售模式零库存、便于里基市场、可有效获取用户需求反馈、不依赖中间商、可过滤无效信息、能有效推荐产品等是传统商品销售模式无可比拟的优势。

3. 增值服务盈利

随着增值业务市场的发展,增值业务已经成为互联网媒体收入中十分重要的来源。它主要以网络社区为基础平台,通过用户之间的沟通和互动,激发用户自我表现和娱乐的需求,进而给用户提供各类通过付费才可获得的个性化增值服务和虚拟物品消费服务,主要包括会员特权、网络虚拟形象、道具、个人空间装饰等。目前，互联网增值业务成长性好主要是基于网络游戏和社区增值服务的快速发展。

(二)核心竞争力的定位

核心竞争力是一个企业能够长期获得竞争优势的能力。是企业所特有的、能够经得起时间考核的、具有延展性，并且是竞争对手难以模仿的技术或能力。企业核心竞争力定位主要表现在以下几种形式：

技术、产品高度创新性定位。这种定位形式是企业依托其强大的研究、开发、设计能力，致力于技术、产品的不断创新，创造出具有显著特色的核心产品。

总成本领先定位。这种定位形式是企业依托其良好的工程管理、采购、制造和实体分配等能力，致力于采购、制造、销售成本最低化，从而以最低的价格赢得较大的市场份额。如沃尔玛连锁超市、丰田汽车公司等，均是努力以低价格、大众化和良好的质量赢得市场和顾客。

市场细分类型定位。选择此种定位方式的企业，一般在企业规模上和技术实力上都不具有较大的优势，因此它们往往不面对整个市场，而是先把市场分细，选择最适合自己的市场定位，然后集中精力针对目标市场营造核心竞争力。

引进新技术、新产品进行转化型定位。这种企业往往具有较强的营销信息系统，密切关注国内外相关产品的发展动向，不开发，只转化。一旦有了成熟的产品，立即引进，大规模生产和销售。

营销创新定位。这种定位形式是企业依托于自己强大的营销能力和良好的品牌优势，以贸易为主，待实力强大后再全面出击，但其核心能力主要集中于销售。

跨行业多角化战略型定位。跨行业多角化是指通过跨行业经营来打造自己的核心能力。

企业文化型定位。强而有力的企业文化是企业成功的动力，不少企业正是通过精心打造自己独有的企业文化来培育自己的核心竞争力。

(三)目标客户定位

目标市场，就是企业所要选择进入的市场部分或子市场，即企业的商品或劳务所需要的特定消费群体。

目标市场选择的基础是市场细分。在进行网络营销时，首先分清众多细分市场之间的差别，并从中选择一个或一个以上的细分市场，然后为挑选出的每个细分市场开发产品和制定营销方案。

目标营销的最终形式是顾客化定制营销，其产品与营销方案要依据不同的顾客或购买组织的需要与欲望来调整，卖主可以为每个目标市场开发适销对路的产品，为了有效地进入目标市场，可以调整产品价格、销售渠道及广告宣传。

(四)核心产品定位

核心产品是消费者最重视的,也就是核心价值,是消费者真正的需求和真正的目的。例如,对于洗衣机,消费者要购买的是"方便、快捷、干净"。有形产品是可以看得见,摸得着的。去买东西,销售员讲的都是有形产品,即东西是什么规格、样式,功能如何,品牌如何,外包装是否漂亮,这些都是有形的。有形产品不是客人真正需要的东西。核心产品定位就是你在消费者心中的地位。

(五)品牌差异化定位

品牌差异化定位是指企业对自身产品在特殊功能、文化取向及个性差异上的商业性决策,它是建立一个与众不同的品牌形象的过程和结果。换言之,即指为某个特定品牌确定一个区别于竞争品牌的卖点和市场位置,使商品在消费者的心中占领一个特殊的位置。

品牌差异化定位的目的就是将产品的核心优势或个性差异转化为品牌,以满足目标消费者的个性需求。成功的品牌都有一个差异化特征,有别于竞争对手的,符合消费者需要的形象,然后以一种始终如一的形式将品牌的差异与消费者的心理需要连接起来,通过这种方式将品牌定位信息准确传达给消费者,在潜在消费者心中占领一个有利的位置。

三、农产品网上市场定位策略

1. 避强定位策略

避强定位策略是指企业力图避免与实力最强或较强的其他企业直接发生竞争,而将自己的产品定位与另一市场区域内,使自己的产品在某些特征或属性方面与最强或较强的对手有比较显著的区别。避强定位策略能使企业较快速地在网上市场上站稳脚跟,并且能在消费者或用户心目中树立一种形象,市场风险较小,成功率较高。其缺点主要是,避强往往意味着企业必须放弃某个最佳的网上市场位置,很可能使企业处于最差的网上市场位置。

2. 迎头定位策略

迎头定位策略是指企业根据自身的实力,为占据较佳的网上市场位置,不惜与网上市场占支配地位的,实力最强或较强的竞争对手发生正面竞争,而使自己的产品进入与对手相同的网上市场位置。迎头定位可能引发激烈的网上市场竞争,因此具有较大的风险性。但是,由于竞争对手是最强大的,因此竞争过程往往相当惹人注目、甚至产生所谓轰动效应,企业及其产品可以较快地为消费者或用户所了解,易于达到树立网上市场形象的目的。迎头定位要求企业必须具有与竞争对手不相上下的竞争实力。

3.创新定位策略

创新定位策略是指农产品经营企业寻找新的尚未被占领但有潜在需求的位置,填补市场上的空缺,生产市场上没有的、具备某种特色的农产品。采用这种定位方式时,企业应明确创新定位所需的农产品在技术上、经济上的可行性,以及是否有足够的市场容量并为企业带来合理而持续的赢利。

4.重新定位策略

重新定位策略是指农产品经营企业改变原有农产品结构和在消费者心目中的印象。在变幻莫测的市场环境中,重新定位对于企业适应新的市场营销环境和调整营销战略也是非常必需的。一般而论,农产品经营企业在如下情况就需要重新审视其定位:一是竞争对手的市场定位与本企业发生重叠;二是消费者偏好开始向竞争对手转移。

应当指出,企业提出一个好的定位策略远比执行这个策略要容易得多。因为发展一种定位或改变一种定位需要旷日持久的努力。相反,花费多年时间发展起来的定位可能很快毁于一旦。因此,当企业建立一种理想的定位后,必须通过持久的业绩和不断的沟通来维持这一定位,必须密切监控且随时间的推移而修正这一定位,以适应网上市场需求和竞争者策略的变化。企业必须避免过急的转变,以免顾客困扰。正确的做法是,产品的定位必须随着经常变化的网上市场营销环境而逐渐加以演变。

【任务实施】市场定位

一、分析目标市场的现状,确认本企业潜在竞争优势

1.分析竞争对手

王明对洛阳的牡丹花农进行了调查,他发现大部分的花农都是近两年看到种植牡丹比粮食作物收益高,就盲目的随大流,完全没有经过调查和论证。这些花农都仅在自己的几亩农田里种植牡丹,种植规模小而零散,没有种植技术,管理粗放,牡丹成苗质量差。没有稳定的牡丹收购合作商,一般都是一些牡丹花贩去地里收购,收益低。

2.分析本企业

王明已经种植了十多年牡丹,种植规模已经达到百余亩。在多年的牡丹种植过程中,他积累了丰富的种植经验和管理技术。他常年与一些实力较强的牡丹批发企业合作,和洛阳的牡丹研究院也有来往。

3. 分析目标市场

由于缺乏完整、规范的标准化生产技术体系，目前市场上牡丹种苗、盆花的生产总体质量不高。每年仅有很少量的牡丹种苗出口、牡丹催花外销。牡丹的供给量远不能满足市场的需求。

二、准确选择竞争优势，对目标市场初步定位

通过分析竞争对手和自身企业，王明认为自己在生产规模、生产技术和产品质量上都有很大的优势。并且目前市场对牡丹的需求量很大，特别是高品质牡丹的需求。王明初步决定继续扩大牡丹的种植规模，收购王明牡丹园区周围分散的牡丹田，形成规模化生产；引入高品质牡丹种苗，聘请高级牡丹园艺师，实现牡丹的品质化、多样化。

三、重新定位，彰显独特的竞争优势

牡丹本身就代表着雍容华贵、富丽堂皇，很多高端消费者正是因为牡丹是高贵的象征，而愿意花高价钱购买牡丹。目前市场上大多数牡丹品质一般，品种相似，重复度高，缺乏高品质牡丹，很少花农有市场定位意识。高端牡丹市场空间巨大，特别是春节前盆栽催花牡丹的需求量很大，造型好品质高的牡丹经济效益也高，一盆花甚至可以卖到数千元。所以王明将市场进行了重新定位，他加大了高品质牡丹种苗和催花盆栽的种植规模，他的牡丹以高档的品质和新颖的造型呈现在消费者面前。

在牡丹花卉节期间，王明赠送了各大牡丹园一些盆栽牡丹，自己也举办了花展，并附上自己牡丹种植园的宣传页，这样使来洛阳看牡丹的全国甚至国外的游客知道了他的牡丹种植园。他在阿里巴巴上注册了自己的高端牡丹批发网，并利用一些大型的花卉交易网上做网络广告和交易，在天猫上注册高端牡丹苗和盆栽的零售，取得了很好的效果。

【任务拓展】

由“三只松鼠”看陕西农特产营销

陕西的农特产非常多，从陕北到关中，从关中到陕北，各有特色。而在农特产营销方面，陕西的农特产就相对落后得多了。陕西农特产向来以“土”为美，美其名曰：土香土色、原汁原味。但是，在整个大时代都把目光锁定在产品品牌塑造和营销的背景下，陕西农特产仍然停留在卖产品层面。据知名营销研究机构西安渠道

工厂介绍，在他们来访的客户中往往一开口就是：看我的枣，又红又大又甜；看我的苹果，全都是80的等等，陷入“有名品，无品牌”的局面。与此同时，“三只松鼠”作为整个中国农产品市场的后起之秀，成立三个月获得行业内最大一笔150万美元的投资，上线65天销量在淘宝天猫坚果行业跃居第一，成立4个月多时交易近800万元，上线一年多总投资共750万美元，如今，“三只松鼠”已然成为农产品行业中的翘楚。

那么究竟是什么促成了三只松鼠今日的成就？与传统陕西农特产营销相比，三只松鼠究竟有哪些值得我们借鉴的地方？

1. 差异化而又清晰的消费者定位——80、90后网购主力人群

首先是目标消费者。做营销先确定目标消费者虽是人尽皆知的道理，但是陕西农特产却很不清晰，似乎是男女老少皆宜，大家都可以购买，属于“万精油”产品。万精油是无用油，看似谁都能使用，但是对谁都产生不了特别大的影响力。

而“三只松鼠”的目标人群定位非常明确，它的终端客户定位是80、90后互联网用户群体，他们个性张扬，有自己的主见和行为准则，他们追求时尚、享受生活、善待自己，对细节挑剔，注重全方位的消费体验。

找准人群，紧接着投其所好。可以说“三只松鼠”从命名开始，再从品牌体系到产品体系，从形象到包装，从产品质量到服务，以小松鼠的可爱形象，卖萌、贴心、逗乐、一对一人工服务交流，以超越客户期望的一系列细节体验，俘获这一群体的心，深受其喜爱。当你还在卖大枣、卖核桃的时候，他在卖“松鼠”，直接技高一筹。

2. 形象生动的品牌名称

“三只松鼠”的品牌命名上即先声夺人。大多数陕西农特产没有自己特有的品牌名称，大家都打的农产品土特产的旗号，无非就是地名＋产品名，例如，洛川苹果、延川大枣。唯恐一旦去掉具有代表土特产意义的地名，就失去了品牌竞争力。但是大家都沿用这样的方式称呼自己的产品，使得自己的产品不能鲜明地与竞争产品区分开来，久而久之这成了同一类产品共同的代号，在消费者眼里，无企业、品牌之分，有的伪劣产品借助名品的名气，大打价格战，折扣战，从而拉低了整体的水平，使农特产市场受到影响。而“三只松鼠”利用动物的名称命名，既简单又形象，三岁小孩都知道的一个名称同时也便于传播，形象生动。从命名就可以看出后者一定是比前者更容易宣传推广，使人记忆深刻。

3. 卡通松鼠的形象拉动消费

看过“三只松鼠”的人，都对三只卡通的松鼠过目不忘。这三只小松鼠不只是色彩鲜艳，鲜活可爱，而且每个还都有自己的名字，同时代表着一种典型性格。例

如，松鼠小贱，又贱又萌，略带屌丝气质，符合当下社会屌丝文化人群的心态；松鼠小酷，技术宅一枚，喜欢发明创作，积极向上，对一切新奇的事情都充满了兴趣，迎合了当下宅男的心理；松鼠小美美丽柔情，典型的双鱼座性格，是年轻一代女性的典型代表。这三只松鼠笼络了当下80、90后网民基本的几大人群，尤其是针对女性，设有小美专区，品茶、赏花、看书、写作，极大的吸引了白领女性的注意力，拉动产品消费。

陕西农特产品牌形象却很不明显，而且企业对品牌形象的意识也不强，认为品牌形象只是产品外包装上的一个装饰，品牌形象的塑造和企业文化、产品概念、价值体系、品牌营销脱节，并没有形成统一的营销流程，并且品牌形象单调死板，调动不起来大家的积极性，更不能满足当代人的猎奇心理。

4.质感与人性化并重的包装吸引眼球

三只松鼠的创新是非常全面的，外包装也不例外。许多农特产的产品往往要特意土一些，以达到特产的感觉。三只松鼠告诉我们，土特产可以很时尚：质感包装、富有现代感的设计更能够吸引消费者的目光。三只松鼠贴切地称自己的包装盒为鼠小箱，外观是三只松鼠的卡通形象，或者是贱兮兮的松鼠小贱，或者是美丽的松鼠小美，有时兴起还有松鼠家族，每只松鼠都有自己的小故事，附上文字，轻松有趣，而且他们会根据主人的购买次数更换包装袋，力求达到每一次的服务都是视觉味觉共同享受的过程，给人耳目一新的感觉。与此同时，它还在零食这个类目的包装盒里附上湿巾、封口夹、垃圾袋以及开口器等小赠品，消费者的每一个消费环节它都能想到，并及时给予最贴心的服务。试问这样贴心周到的服务以如此可爱的形象出现在消费者面前，人们怎么会忍心不喜欢呢？

5.将松鼠坚持到底——从松鼠老爹到松小鼠的卖萌团队

把内部团队也都贴上标签：老板叫“章三疯”，“松鼠老爹”，团队成员都叫“鼠鼠们”。他们把自己定位成了小松鼠，一只勤勉寻找最优质果实，同时又兢兢业业为主人提供细心周到服务的松鼠，就连客服人员都是一对一交流，以松鼠的口吻，耐心回答主人的每一个问题，或者陪主人聊天，灵敏地关注主人的喜好，购买习惯的小小改变，送上温馨小贴士，他们把每一步都做到了实处，同时大家也都看到他们的努力，对这种团队精神的感动使得消费者不断加深对品牌的忠诚度。反观陕西的农特产企业团队，大多没有特意塑造团队形象的意识，偶尔有些产品包装上会出现勤劳的农民面对丰收的成功喜笑颜开场景，这样会让人们联想到质朴、饱满的精神，但这毕竟不是完善的团队形象的展示，也没有自己产品差异化的展示，使人看过之后没有记忆点，很容易便忘了。

6. 松鼠理念：松鼠家，森林系

同样从坚果切入，“三只松鼠”定位于“森林系”，提倡有氧生活，健康清新的生活，这是整个品牌的调性：旨在打造一个互联网时代的生态农业产业链。同时它的一系列营销活动也是以绿色健康的森林系生活为基调展开的。反观陕西农特产营销，它的品牌调性很不清晰，因为大家都在宣传绿色健康生态，所以我也盲目地宣传绿色健康生态，但是没有具有针对性和特殊性的实际操作，意义不大。

7. 松鼠星球的生活方式

“三只松鼠”给人传达了一种生活方式：即“慢食快活”。在这个快节奏的时代用心生活，享受属于松鼠星球特有的慢节奏的生活，就是“三只松鼠”的理念，同时它独创 9ofs 用户体验，取料原产地：松鼠家的原料均选自全球的原产地农场，非本地特产不选，力求产品的原汁原味。非好营养不选：注重每种原料的健康、营养属性。非好口感不选：用优质的原料获得美味的口感，同时它在采集和运输过程中，根据产品属性在出厂前或是 0℃保鲜或 26℃恒温保鲜，坚持三道检验，原料检验，过程品控，出厂检验。就连储藏设施都要使用先进的技术改进，力求给消费者提供最便捷、高效、优质的服务。陕西农特产的营销显然没有达到给人传递一种生活理念的高度。

8. 顺应趋势，率先搭上电子商务的快车

“三只松鼠”没有按照传统的线下渠道，而是采用纯电子商务模式，利用 B2C 平台实行线上销售，这是中国食品行业第一家利用互联网进行线上销售的企业，没有线下分销，也没有线上分销，专注品牌建设，同时针对网上销售的分散性、互动性、分享性特点，制定一系列的营销策略，这比没有专业营销策略的地方农产品生产者有着质的飞跃，地方农产品大多以地区性的分销零售为主，重点在土特产礼品，旅游纪念品这一块儿，销售不稳定。而“三只松鼠”以完善的电子商务渠道和整合营销运营方式一举夺下互联网上的广大消费者市场。

由于农产品处于行业形象提升的转型期，营销停滞在产品层面的问题尤其突出，再加上农产品生产周期长和季节性强的先天特点，使新兴品牌农产品企业面临重重挑战。“三只松鼠”胜出的地方，还在于它把品牌名称、品牌形象、森林系慢生活的定位形成浑然一体的品牌体系，取得巨大的成功。

【任务巩固】

1. 什么是农产品网络营销定位？

2. 农产品网络营销定位有哪些策略？

【任务评价】

项目名称			姓名		班级	
评价指标	小组评价	自我评价	学习体会			
了解市场定位的意义						
了解市场定位策略						
为自己的产品进行市场定位						
综合评价						

项目四　将农副产品带上线

任务一　建立互联网的双向沟通机制

【任务目标】

学习安装互联网常用双向沟通工具和软件，并能利用电子邮件、QQ和微信与潜在客户进行实时和有效的双向沟通，建立和谐、友善、诚信和合作的客户关系。

完成本学习任务后，你应该能

- 学会传统邮箱
- 了解电脑QQ
- 了解手机微信
- 了解其他形式：微博、博客
- 掌握邮件营销

【知识准备】

互联网络时代常用的双向沟通工具软件有很多，其中历史较久、使用频率较高的有电子邮件、腾讯QQ、微信、微博等产品，其特点各不相同，我们应该针对不同需求选择合适的沟通工具。

一、电子邮件(E-mail)

电子邮件是一种用电子手段提供信息交换的通信方式，是互联网应用最广的服务。通过网络电子邮件系统，用户只需付出非常低廉的网络流量费，就能在几秒钟之内快速地与世界上任何一个角落的网络用户联系，将电子邮件发送到指定的目的地。如图4-1所示，为QQ邮箱登录界面。

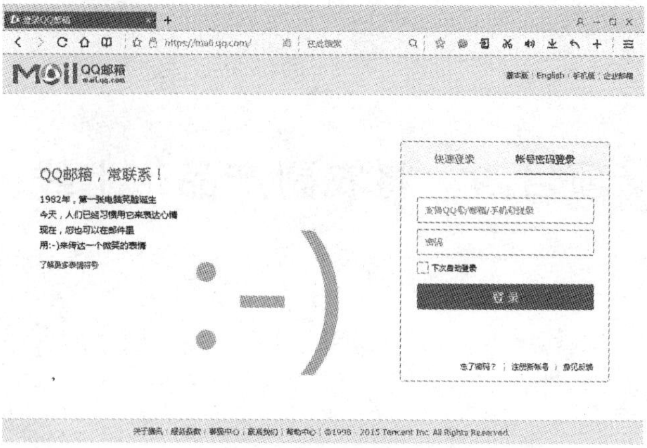

图 4-1 QQ 邮箱登录界面

电子邮件可以是文字、图像、声音等多种形式。同时还可以得到大量免费的新闻、专题邮件，并轻松实现信息搜索。电子邮件适合各种人群之间，交流各种内容。不愿意或不适合面谈、电话、短信等交流的内容，都可用电子邮件交流。也可作为宣传手段，群发给很多人。电子邮件的标题应简洁明了，与其他沟通方式配合使用，发挥其优势。

在使用电子邮件进行沟通时应注意，文字交流必须表达明确，若文字模糊或表述不清容易产生误解，同时可能被大量垃圾邮件淹没，被人轻易删除。

使用电子邮件之前必须要注册自己的电子邮件地址，并登录服务商提供的邮箱系统，输入收件人的电子邮件地址、邮件标题、正文、添加附件等，即可完成电子邮件的发送。收取对方发来的电子邮件，直接在邮箱系统点击收信并打开邮件列表即可进行邮件的阅读。

二、腾讯 QQ

腾讯 QQ（简称“QQ”）是腾讯公司开发的一款基于互联网的即时通信软件。腾讯 QQ 支持在线文字和语音、视频聊天、QQ 电话、文件传输、远程演示、远程协助、QQ 群、网络会议、QQ 邮箱等多种功能，并可与移动通信终端等多种通信方式相连。QQ 标志是一只戴着红色围巾的小企鹅。

QQ 是目前互联网络上使用人数最多的即时通信工具，同时在线人数突破 2 亿，方便、实用、高效。目前 QQ 已经覆盖 PC、Mac、Android、iPhone 等主流平台。如图 4-2 所示，为 QQ 登录界面。

图 4-2　QQ 登录界面

三、微信

微信(wechat)是腾讯公司于 2011 年 1 月 21 日推出的一个为智能终端提供即时通信服务的免费应用程序,微信支持跨通信运营商、跨操作系统平台,通过网络快速发送免费但需消耗少量网络流量的信息,如语音短信、短视频、图片和文字,同时,也可以使用通过共享流媒体内容的资料和基于位置的社交插件“摇一摇”、“漂流瓶”、“朋友圈”、“公众平台”等服务插件。如图 4-3 所示,为微信登录后界面。

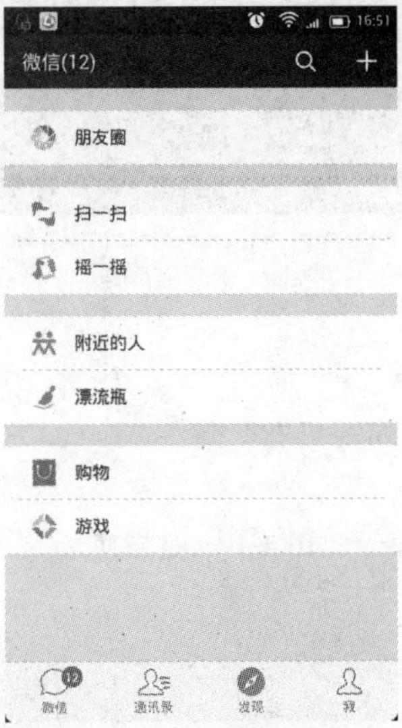

图 4-3　微信界面

微信提供公众平台、朋友圈、消息推送等功能，用户可以通过“摇一摇”、“搜索号码”、“附近的人”、扫描二维码方式添加好友和关注公众平台，同时微信可以将内容分享给好友或者将用户看到的精彩内容分享到微信朋友圈。

微信作为时下最热门的社交信息平台，也是移动端的一大入口，正在演变成为一大商业交易平台，其对营销行业带来的颠覆性变化开始显现。微信商城的开发也随之兴起，微信商城是基于微信而研发的一款社会化电子商务系统，消费者只要通过微信平台，就可以实现商品查询、选购、体验、互动、订购与支付的线上线下一体化服务模式。

四、其他形式

(一)QQ 空间

QQ 空间(Qzone)是腾讯公司于 2005 年开发出来的一个个性空间，具有博客(blog)的功能，自问世以来受到众多人的喜爱，如图 4-4 所示。在 QQ 空间上可以写日志、上传图片、听音乐、写心情，通过多种方式展现自己。除此之外，用户还可以根据个人的喜爱设定空间的背景、小挂件等，从而使每个空间都有自己的特色。当然，QQ 空间还为精通网页的用户还提供了高级的功能：可以通过编写各种各样的代码来打造自己的空间个人主页。

图 4-4 QQ 空间

(二)微博

1. 什么是微博

微博(Weibo)是一种通过关注机制分享简短实时信息的广播式的社交网络平

台。用户可以通过各种客户端组建个人社区，以 140 字（包括标点符号）的文字更新信息，并实现即时分享，如图 4-5 所示。

图 4-5 微博界面

微博的关注机制分为单向、双向两种。微博包括新浪微博、腾讯微博、网易微博、搜狐微博稍等，但如若没有特别说明，微博就是指新浪微博。

2. 微博的特点

（1）信息获取的自主性、选择性，用户可以根据自己的兴趣偏好，依据对方发布内容的类别与质量，来选择是否“关注”某用户，并可以对所有“关注”的用户群进行分类。

（2）信息发布的内容简短。微博的内容限定为 140 字左右，内容短小精悍，不需长篇大论，对使用者文字能力要求较低。

（3）信息共享的便捷迅速。可以通过各种平台连接网络，在任何时间、任何地点即时发布信息，其信息发布速度超过传统纸质媒体及其他网络媒体。

（4）信息宣传的影响力大。微博的影响力基于用户现有的被“关注”的数量。用户发布信息的吸引力、新闻性越强，引起关注的人数也越多，影响也越大。只有发布高质量内容，拥有高质量的粉丝，才能让你的微博被更多人关注。此外，微博平台本身的知名度以及它的推荐力度也有助于增加被“关注”的数量。

【任务实施】发送电子邮件

建立我的网络邮递员——登录个人邮箱，向客户发送一封农产品信息的邮件并查看回复。

第一步 注册电子邮件

打开 IE 浏览器，在地址栏内输入网址“http://mail.126.com”打开网易免费邮箱系统网站，如图 4-6 所示，鼠标单击右下角“注册”按钮。

图 4-6 单击“注册”按钮

单击链接后浏览器跳转到新的页面，如图 4-7 所示，按要求填写表单内容。选择注册字母邮箱，账号由 6～18 个字母、数字、下划线组成，并且必须以英文字母(不分大小写)开头，如“gyncp2015”指的是“广源农产品”的首字母加当前年，账号有意义且方便记忆。为保障密码安全，不能设置纯数字等简单密码，可加适当字符提高密码安全性。完成注册内容填写后，单击“立即注册”按钮完成注册。注册成功后可选择立即进入邮箱，系统界面如图 4-8 所示。

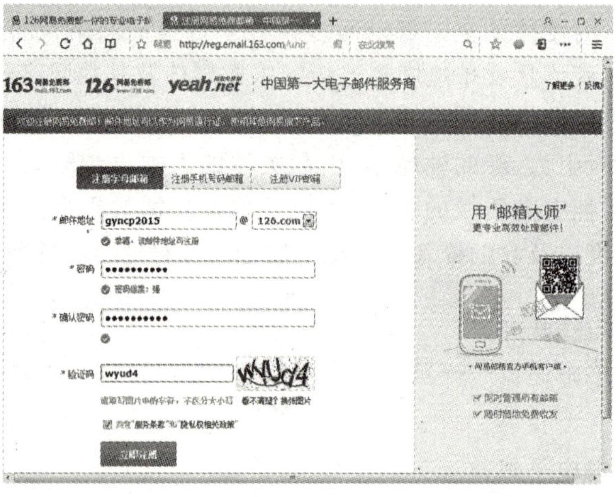

图 4-7 进入注册页面

图 4-8　进入网易邮箱

电子邮箱注册成功后，要谨记自己的账号，可以印制到名片上，或发送给需要联系的客户。如上图中的 gyncp2015@126.com，为完整邮箱地址，以后它就是您的网络邮递员了。

第二步　写信

单击左上角“写信”按钮，进入写信编辑窗口，收件人处输入对方邮件地址，主题处输入邮件主题，邮件正文区域填写邮件的内容。

添加图片文件作为邮件附件，单击“添加附件”按钮，打开我的电脑找到相应文件所在文件夹，选择图片文件后，单击打开按钮完成附件文件的添加，如图 4-9 所示。附件上传完成后，单击左上角发送按钮，即可完成邮件的发送。

图 4-9　添加相片文件作为附件

第三步 收信并回复邮件

登录个人邮箱后，单击左上角“收信”按钮，在右侧即可看到邮箱内所有邮件。单击新邮件主题链接，即可浏览邮件内容。

单击“回复”按钮，可以对当前邮件进行快速回复，如图 4-10 所示。单击邮箱左侧“已发送”按钮可查看已经发送过的历史邮件，单击上部“通信录”可对邮件联系人进行管理。

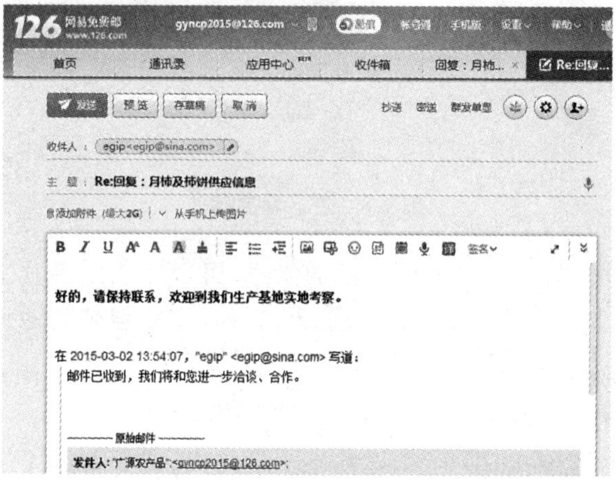

图 4-10 回复邮件

【任务拓展】

一、安装注册电脑 QQ

（一）下载电脑 QQ

打开浏览器输入网址 http://im.qq.com/download/，访问 QQ 软件下载页面，单击“QQ PC 版”下载按钮，将 QQ 安装源文件下载并保存到本地硬盘，如图 4-11 所示。

（二）安装电脑 QQ

鼠标双击下载到本地电脑的 QQ 安装源文件，单击“立即安装”，按向导提示完成 QQ 安装。

（三）注册 QQ 账号并登录

鼠标双击桌面 QQ 图标，运行 QQ 程序，如图 4-12 所示，单击“注册账号”进入 QQ 号码注册页面，按要求填写注册表单完成 QQ 账号注册。

图 4-11　下载 QQ 软件

图 4-12　运行 QQ 程序

(四)添加 QQ 好友并发送信息

如图 4-13 所示,运行 QQ 程序,输入账号和密码,单击“安全登录”完成 QQ 的登录,登录后界面如图 4-14 所示。单击 QQ 面板右下角查找按钮,输入对方 QQ 号码即可完成好友的添加。在我的好友栏内,双击好友昵称,进入聊天窗口,录入文字信息后点击发送即可,如图 4-15 所示。

图 4-13　登录 QQ

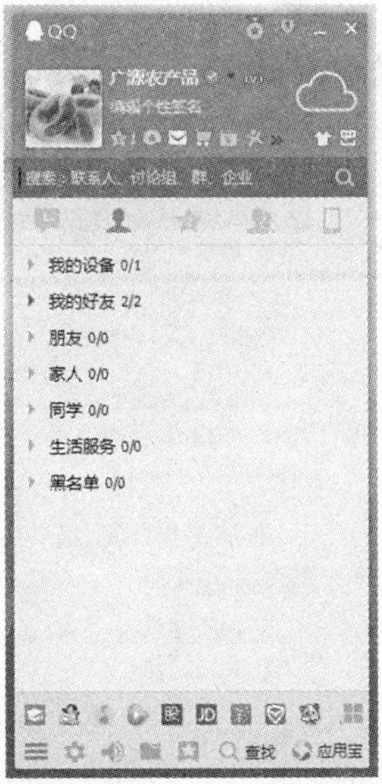

图 4-14　QQ 面板

图 4-15　向好友发送 QQ 信息

二、安装注册手机微信

在智能手机打开浏览器输入网址 http://weixin. qq. com/d 进入微信下载页面，如图 4-16 所示，以安卓系统为例选择“Android 版”进行下载，下载完成后按提示安装。

图 4-16　下载手机微信软件

微信安装完成后，在手机桌面单击微信图标运行程序，单击“注册”按钮按提示进行注册。

三、注册和开通新浪微博

打开浏览器输入网址 http://weibo.com，进入微博首页，如图 4-17 所示。点击“立即注册”按钮，进入注册页面，可选择使用手机号或 E-mail 邮箱注册，注册完成完善个人资料后登录进入微博，可以发布微博和关注好友进行互动了。

图 4-17　微博首页

四、邮件营销案例

E-mail 营销，即电子邮件营销，是在用户事先许可的前提下，通过电子邮件的方式向目标用户传递有价值的营销信息的一种网络营销手段。

E-mail 营销有三个基本因素：用户许可、用电子邮件传递信息、信息对用户有价值。电子邮件营销是利用电子邮件与受众客户进行商业交流的一种直销方式，同时也广泛地应用于网络营销领域。

为破解农产品销售渠道单一的瓶颈，平罗县依托农村信息化网络建立了宁农电子商务中心(图 4-18)，并在全县 141 个村、十几家农产品加工龙头企业建立了基层销售网点。同时通过电子邮件将农产品上市信息及时发布出去，借助网络传播快、信息反馈及时的特点，全县网络订单已经超过 1 100 万元，一万多农户通过网络销售上百种农产品。

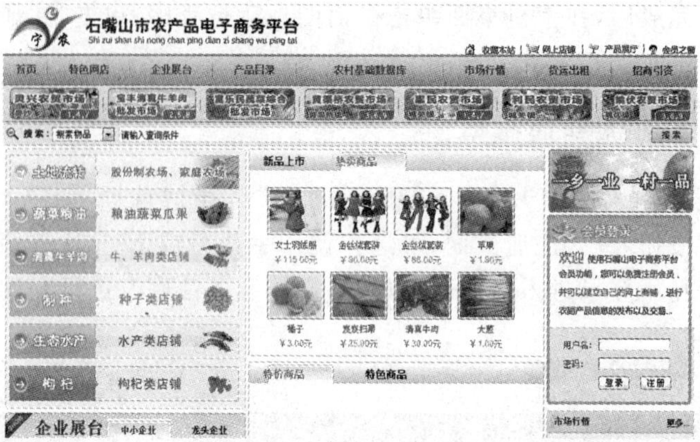

图 4-18 宁农电子商务中心

国内著名的“7 天连锁酒店”使用电子邮件营销，曾累计向年龄在 18～50 岁的商旅人士和学生，共计发送邮件 1 000 万封，带来注册会员 15 万，有价值活跃会员 3 万。通过电子邮件将节日问候、生日祝福、酒店促销活动等信息定期发送给会员，建立了良好的客户关系，有效订单不断增加，达到了营销目的。

电子邮件营销要注意做到邮件内容创意有效性，能提供真正的附加价值，并做到激励和服务客户。

【任务巩固】

1. 注册并熟悉使用至少三种即时通信工具。

2. 使用 QQ 邮箱向老师和自己的 E-mail 发送一封电子邮件，正文为产品促销信息，并添加相关图片作为附件。

【任务评价】

结合农产品和网络知识，按步骤完成 E-mail 注册和邮件发送，掌握常用即时通信软件的安装和使用技巧，为农产品网络营销创立多样化的立体平台。

项目名称			姓名		时间	
评价指标	自我评价	小组评价	学习体会			
注册 E-mail 账号						
发送邮件						
注册 QQ 号						
开通微信						
注册开通微博						
综合评价						

任务二 建立农产品的 QQ 营销模式

【任务目标】

了解农产品网上销售方式方法及价格制定策略，学会使用 QQ 进行农产品营销。

完成本学习任务后，你应该能

- 了解网上销售的价格策略
- 学会 QQ 个性化设置
- 掌握 QQ 营销特点
- 学会 QQ 营销

【知识准备】

一、在网上销售农产品

长期以来，农产品尤其是农副产品种植、销售等环节缺乏有效的信息沟通，存在市场供需关系失衡，不能有效降低和规避市场风险等问题。农产品销路一直困扰着广大农民。网络时代的到来，正挑战着传统的农产品营销方式。

互联网的快速发展和普及，让跑在时代前列的新型职业农民，早把电脑网络和农业生产联系在了一起。作为现代营销手段的网上销售，已在农产品销售中凸显其优势，愈来愈多的农产品源源不断地进入网络购销渠道。过去提篮叫卖的农民，如今坐在电脑旁轻点鼠标就可以瞄准市场。常见的网络销售有在第三方信息服务平台发布农产品供求信息、参加农产品网络展销会、利用网络沟通和社交工具软件直销、网上开店、和商家合作团购等模式。如图 4-19、图 4-20 所示。

互联网解决的不仅仅是农产品流通的信息问题，网上交易使农产品因地域性、时间性限制而产生的许多问题都迎刃而解。但是，目前我国国情和农村生产生活条件不足等因素，给农村真正实现网络销售带来一定难度，全面实现农产品网络销售还需要生产、加工、营销、物流等行业及相关部门协力配合、共同努力才能完成。

图 4-19 农产品供求信息免费发布平台

图 4-20 天然干果汇淘宝店

二、网上销售的价格策略

农产品的销售价格是企业市场营销过程中一个十分敏感而又最难有效控制的因素，它直接关系着市场对产品的接受程度，影响着市场需求量即产品销售量的大小和企业利润的多少。

所有的营销都聚焦于定价决策。由于网上信息的公开性和消费者易于搜索的特点，网上的价格信息对消费者的购买起着重要的作用。消费者选择网上购物，一方面是由于网上购物比较方便；另一方面是因为从网上可以获取大量的产品信息，从而可以择优选购。企业为了有效地促进产品在网上销售，就必须针对网上市场制定有效的价格策略。

网上销售常用的价格策略有:低价策略、定制定价策略、使用定价策略、拍卖竞价策略、免费价格策略。

(一)低价策略

低价策略又分为直接低价定价策略、折扣策略和网上促销定价策略。实施低价策略时应注意以下问题:首先,在网上不宜销售那些顾客对价格敏感而企业又难以降价的产品;其次,在网上公布价格时要注意区分消费对象,一般要区分一般消费者、零售商、批发商、合作伙伴,分别提供不同的价格信息发布渠道,否则可能因低价策略混乱导致营销渠道混乱;第三,网上发布价格时要注意比较同类站点公布的价格。

(二)定制定价策略

定制定价策略是在企业能实行定制生产的基础上,利用网络技术和辅助设计软件,帮助消费者选择配置或者自行设计能满足自己需求的个性化产品,同时承担自己愿意付出的价格成本。

(三)使用定价策略

使用定价,是指顾客通过互联网注册后可以直接使用产品,顾客只需要根据使用次数进行付费,而不需要将产品完全购买。目前,比较适合的产品有软件、音乐、电影等产品。

(四)拍卖竞价策略

网上拍卖是目前发展比较快的领域。经济学家认为,市场要想形成最合理价格,拍卖竞价是最合理的方式。网上拍卖由消费者通过互联网轮流公开竞价,在规定时间内价高者赢得。

(五)免费价格策略

免费价格策略就是指企业为了实现某种特殊的目的,将产品和服务以零价格形式提供给顾客使用的价格手段。

三、制定农产品价格

制定农产品价格前需进行农产品行情市场调查,如对集贸市场上农副产品的上市量、成交量和成交价格等情况进行观察,通过互联网有针对性地搜索所需信息,如登录中农网了解各地农产品价格行情,如图 4-21、图 4-22 所示。

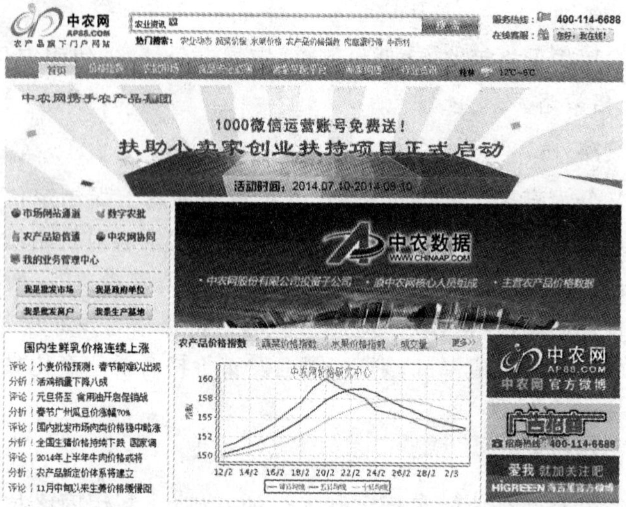

图 4-21　中农网首页

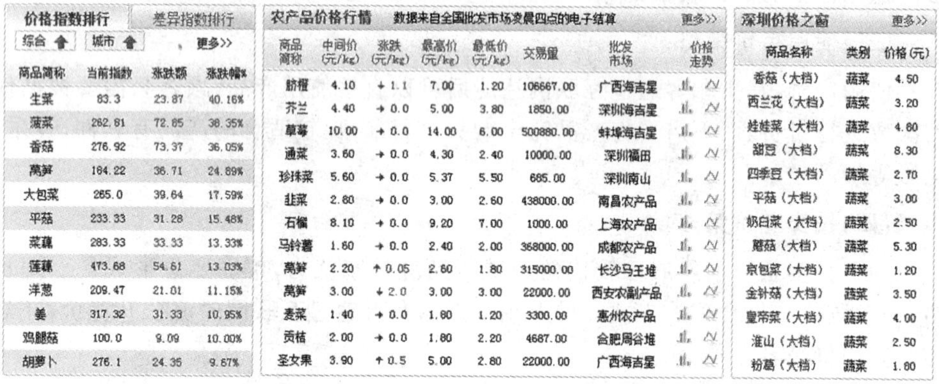

价格指数排行　差异指数排行

商品简称	当前指数	张跌额	张跌幅%
生菜	83.3	23.87	40.16%
菠菜	262.81	72.65	38.35%
香菇	276.92	73.37	36.05%
莴笋	164.22	36.71	24.89%
大包菜	265.0	39.64	17.59%
平菇	233.33	31.28	15.48%
菜藕	283.33	33.33	13.33%
莲藕	473.68	54.61	13.03%
洋葱	209.47	21.01	11.15%
姜	317.32	31.33	10.95%
鸡腿菇	100.0	9.09	10.00%
胡萝卜	276.1	24.35	9.67%

农产品价格行情　数据来自全国批发市场凌晨四点的电子结算

商品简称	中间价(元/kg)	涨跌(元/kg)	最高价(元/kg)	最低价(元/kg)	交易量	批发市场
脐橙	4.10	↓1.1	7.00	1.20	106667.00	广西海吉星
芥兰	4.40	→0.0	5.00	3.80	1850.00	深圳海吉星
草莓	10.00	→0.0	14.00	6.00	500880.00	蚌埠海吉星
通菜	3.60	→0.0	4.30	2.40	10000.00	深圳福田
珍珠菜	5.60	→0.0	5.37	5.50	685.00	深圳南山
韭菜	2.80	→0.0	3.00	2.60	438000.00	南昌农产品
石榴	8.10	→0.0	9.20	7.00	1000.00	上海农产品
马铃薯	1.60	→0.0	2.40	2.00	368000.00	成都农产品
莴笋	2.20	↑0.05	2.60	1.80	315000.00	长沙马王堆
莴笋	3.00	↓2.0	3.00	3.00	22000.00	西安农副产品
麦菜	1.40	→0.0	1.60	1.20	3300.00	惠州农产品
贡桔	2.00	→0.0	1.80	2.20	4687.00	合肥周谷堆
圣女果	3.90	↑0.5	5.00	2.80	22000.00	广西海吉星

深圳价格之窗

商品名称	类别	价格(元)
香菇（大档）	蔬菜	4.50
西兰花（大档）	蔬菜	3.20
娃娃菜（大档）	蔬菜	4.60
甜豆（大档）	蔬菜	8.30
四季豆（大档）	蔬菜	2.70
平菇（大档）	蔬菜	3.00
奶白菜（大档）	蔬菜	2.50
蘑菇（大档）	蔬菜	5.30
京包菜（大档）	蔬菜	1.20
金针菇（大档）	蔬菜	3.50
皇帝菜（大档）	蔬菜	4.00
淮山（大档）	蔬菜	2.50
粉葛（大档）	蔬菜	1.80

图 4-22　中农网农产品价格行情

农产品价格的制定可以分为两类：一类是政府定价：农产品生产经营者对所出售的农产品价格没有决策权，如我国曾长期实行过的粮棉油国家统购统销价；另一类是农产品生产经营者定价：依据农产品质量、市场供求状况等因素决定其价格。

价格制定要从成本导向、需求导向和竞争导向三方面考虑，以产品成本为下限，以竞争者的价格和代用品的价格为定向点，以消费者对产品独特性的评判为上限合理制定价格。

【任务实施】将 QQ 平台打造成企业营销利器

随着互联网络快速的发展，企业除了沿用传统的电话客服外，还增加了即时在线通信工具客服，如腾讯 QQ、微信、微博、阿里旺旺等，能满足不同条件下客户需求的及时回应。要注意的是，作为 QQ 用户，要将私人 QQ 和工作 QQ 分开，做网络营销应把重点放在工作类 QQ 上，并做好相关设置，建议注册 2～3 个工作营销 QQ 号。

第一步　QQ 个性化设置

登录后单击 QQ 面板左上角 QQ 头像后，单击“编辑资料”，进入 QQ 资料设置界面，如图 4-23 所示。

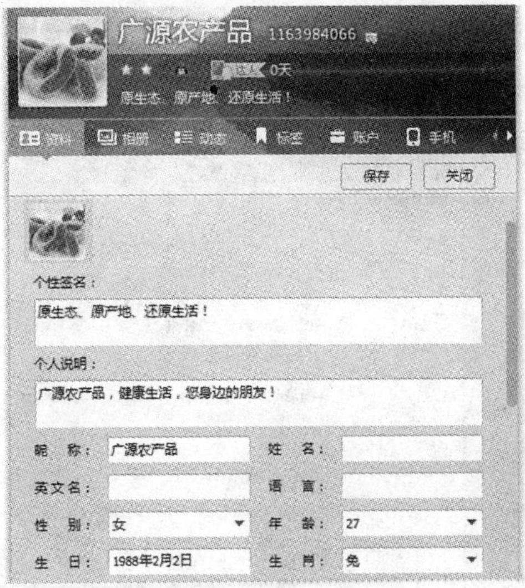

图 4-23　QQ 资料设置

(1)昵称设置。昵称可以取公司名字，或以产品名字命名，以核心目标关键字命名，或者好听易记的富有个性的，要体现出专业性及一种认真的态度。如根据农产品名称及特点可以设置“广源农产品”、“乌犁山柿饼”等昵称，而不建议设置大众化的如“黑土”、“白云”等昵称。

(2)个性化头像设置。无论是在虚拟网络还是现实生活中以貌取人都很常见，QQ 头像是我们给别人的第一印象。设置 QQ 图像可以考虑采用公司标志性图片、商标、产品相关图片或本人职业装真实相片等，提高我们的印象分和可信度，而最好不采用 QQ 自带的“阿猫阿狗”之类的头像。

(3)QQ 签名。QQ 签名可以定期设置修改，可以同步更新到 QQ 空间，显示空间动态，尽量使用一些包含正能量、对客户有激励价值的语句，而不要写一些日常生活琐事。

(4)联系方式。按真实信息设置好联系电话、手机号、公司地址、邮箱、网站链接等信息，在一定程度上，企业 QQ 就是网络客服，是紧密联系和保持客户关系的桥梁，如果农产品有网站和微信公众平台，则通过 QQ 将客户引流到内容更丰富的网站和平台。

(5)QQ 相册设置。QQ 相册作为 QQ 资料必不或缺的组成之一，图片相比文字更具有说服力，所以一般先要对 QQ 相册创建分类。开通 QQ 空间后，点击进入 QQ 相册，如图 4-24 所示，分别创建公司简介、产品信息、资质荣誉、成交案例、生产花絮、推广现场等目录，依次放入相关图片，能让访客快速找到感兴趣的相片。

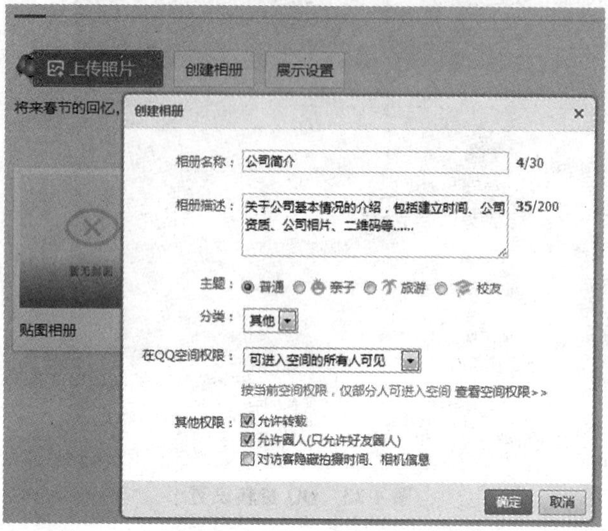

图 4-24 创建 QQ 相册

第二步 QQ 群营销

通过 QQ 直聊，单打独斗毕竟接触的潜在客户有限，如何扩大农产品的客户群，提高网络营销效率，让更多客户主动来找你就不得不用到 QQ 群营销了。

1. 加入 QQ 群

点击 QQ 面板右下角“查找”按钮，选择“找群”，如图 4-25 所示，在地址栏输入关键字“农产品”进行查找，在显示的结果中，对有意向加入的 QQ 群点击“加群”，输入验证信息，可完成群的添加。

图 4-25　查找添加群

为提高通过率，加群前一定要看群介绍，看看群的特点是什么，根据这些填写验证信息，填写的信息要尽量诚恳。

2. QQ 群营销方式

在 QQ 群里，赤裸裸的广告轰炸，并不能获得好的营销效果，甚至会被管理员踢出群，QQ 群营销更需要一种曲径通幽的方式。

(1)“守株待兔”式。“守株待兔”式就是直接把自己的群名片改成广告信息，在群名片中把自己的姓名、业务、联系方式、公司介绍等填写准确。单击设置按钮，修改群名片。

(2)“QQ 表情”式。QQ 表情是大家经常使用的，一个很有趣的 QQ 表情，上面挂着一个网址。但是不是每一个 QQ 表情都可以做营销的，要是一个 QQ 表情别人看了觉得没什么意义，他就不会收藏、转发你的表情。所以，一个 QQ 表情确实很有趣，很有意思才能拿来营销。

(3)“助人为乐”式。“助人为乐”式是指平时在群里积极地回答别人的问题，尽可能地帮助别人。坚持一段时间下来，相信不仅会让对方记住了你，还会对你产生好感，当信任产生，一切皆有可能。

(4)“转发”式。有段时间，QQ 群上经常流传着这样一则信息：“某某家里人重病，正在×××医院做手术，家里人想见他最后一面，让他速回来，有知情者请联系他姐姐，电话：137××××××。爱心接力，大家帮转！”这则信息里面，出现了×××医院，这是营销点所在。后来得知这其实是个营销骗局，不得不佩服这则信息始作俑者的厉害。信息直接出现姓名、电话，显得真实，让人找不到疑点，然后利用人们的同情心理，转发一下也很容易，你看到这种信息的频率证明了它被转发了有许多次。

(5)“揭密”式。这种方式，可能是以文字的形式出现，也可以是图片的形式传播，其内容都是揭示一些内幕性的内容，很吸引人眼球，达到打击竞争对手、正面宣传自己的目的。由于它的内容能让人警醒，会让人情不自禁地帮它转发。营销靠的是创意，无论是网络营销还是实体营销，好创意才能带来好的营销效果。

3. QQ群沟通方式

一个安静如水的群，发挥不出作用，群发广告，除了天时地利人和，重点是广告定位与广告技巧，当广告发到让别人感觉不像是广告而是诱惑的时候，就是最高境界。学习群可以做讨论、培训形式，产品群可以定期提供活动推广产品，服务群则可以提供服务资讯，交友群则需要创造良好的交友氛围……采用的方法需要根据群的特点来进行。

定期组织相关话题讨论，话题起初开展都会有不顺利的时候，但是长期坚持下去，让群众形成习惯，慢慢就有一定的人气。进群后除看群名片外，还可以看一下群之前的聊天记录、共享文件和群活动，这样对群有比较初步的了解。

进群很重要的是获取群信息，对自己的专业及业务开展都有好处，比如群通信录，分类整理到自己联系列表中，可以下载群里面共享的对自己有用的资料，可以从历史聊天记录中寻找与自己业务相关的群成员。群发言时掌握好时机，如果群里的话题自己刚好很熟悉，就发表自己专业的见解或分享；如果是自己主动发言，可以发布比较新鲜的与群相关的信息，如有链接，在链接前说明主题内容，也可以在群共享、群图片中分享一些群成员感兴趣的行业、职业、业务方面的文章、图片等。如果公司有比较重要的活动，除可通过聊天发言宣布外，群共享、群图片，甚至群邮件都是很好的传播方式，如确实对群成员有益及非常需要的，可联系群主发布群公告，这样宣传的效果就更好，每一次发言，每一次分享，你的群名片都会出现一次，这无疑是很好的宣传展示机会，很可能就会带来业务。

在群里发言虽然理论上大家都可以看到，但有时信息太多就淹没了。这就要注意群成员间直接的沟通。遇到与自己业务相关的潜在客户、供应商、行家高手、热心且人脉广的群成员等最好的方式是申请加为好友，然后利用私下点对点的沟通、甚至跟对方私下约会等方式进一步互相认识，有机会的有缘的还会成为真正的朋友，即使你只交到了那么一两位朋友都可能比你加十个、几十个群，发几千次言有价值的。

4. QQ群推广技巧

(1)创建群。在QQ面板单击“创建群”，选择群类别，填写群信息，完成创建并设置群资料。如图4-26所示。

（2）利用群公告。适用范围：自己建群，是群主或者管理员。

注意事项：作为群主或者管理员，一定要热心，多为群成员解决实际问题，拉近跟群成员之间的关系。

操作方法：群公告内可发布促销活动、特价商品、线下活动等，也可以直接放网站的名称或者网址。如图 4-27 所示。

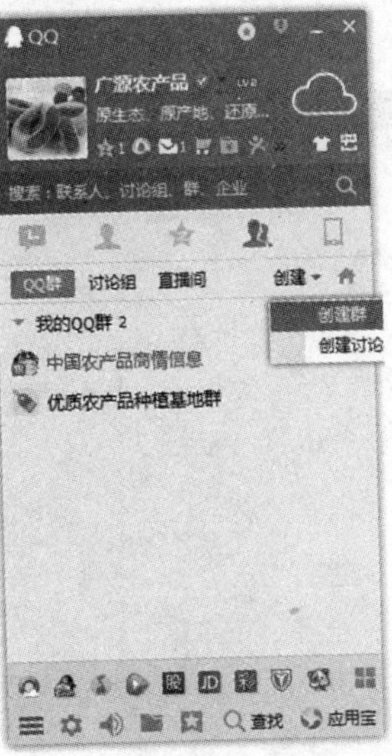

图 4-26　在 QQ 面板单击“创建群”

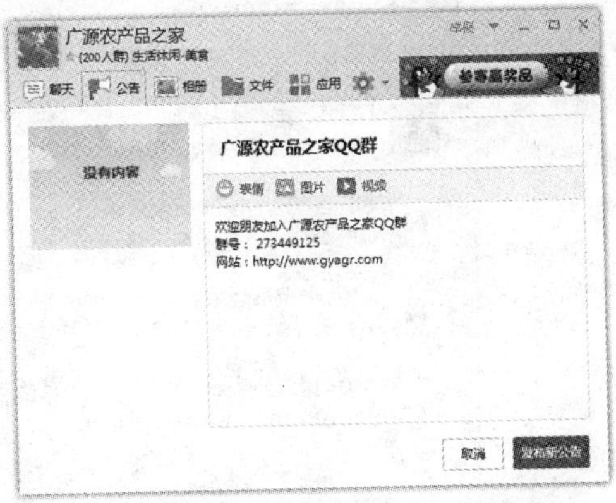

图 4-27　群公告发布界面

（3）利用群相册（图 4-28）。

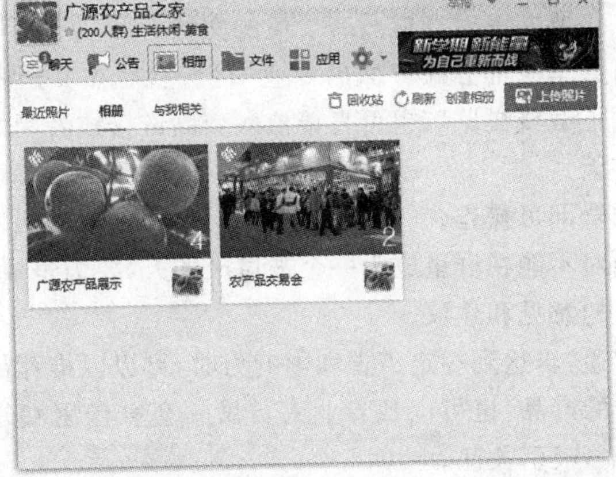

图 4-28　群相册

适用范围：进群即可操作。

注意事项：所做的图片不能是纯广告，那样容易被删除，还可能导致被踢。

操作方法：相册进行分类，找到一些合适的图片（搞笑、时事、健康、风景、美女等），打上网站名称或者网址的水印。

(4)利用群文件（图 4-29）。

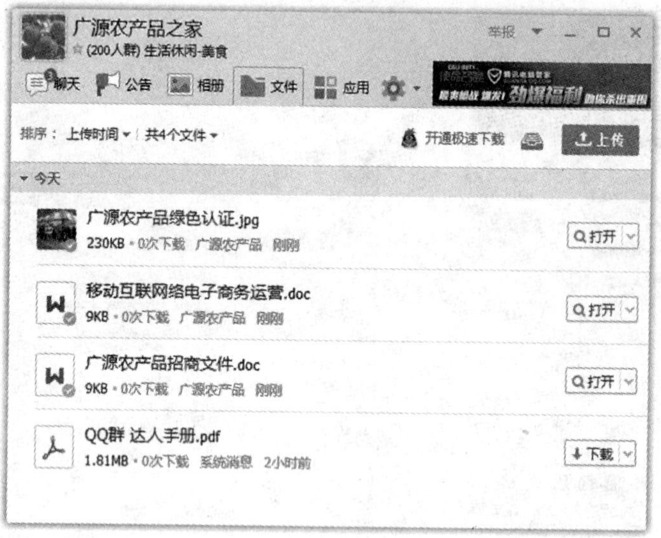

图 4-29　群文件

适用范围：主要是配合电子书推广，包括 WORD、PPT 等格式的文档，加群即可操作。

注意事项：一定要共享对群成员有价值的文档。

操作方法：可共享一部分某方面的专业知识，然后在文档中表明“想获取更多信息，请到某网站下载或浏览”；也可直接植入商品链接或者网站链接。

(5)利用群聊天。

适用范围：加群即可操作。

注意事项：绝对不能在群里成为一个被讨厌的人，要力争成为一个受人尊重的专家，提供有价值的意见和建议。

操作方法：沟通，当达到一定声誉和影响力时，可以以推荐的形式，先推荐某些软文，再推荐具体的产品；也可以找专业人员做一套宣传用 QQ 表情，在群内聊天时经常发一些表情，吸引关注。

(6)利用群邮件(图 4-30)。

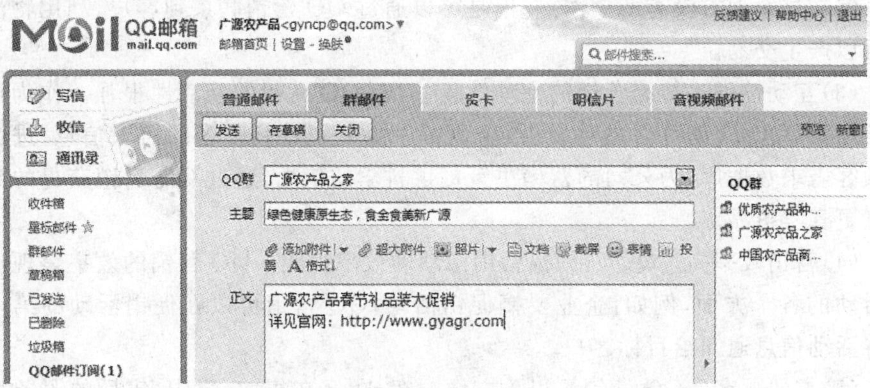

图 4-30　发送群邮件

适用范围:开通了群邮件功能的 QQ 群。

注意事项:群邮件是发给所有群成员的,跟一般的群发的区别在于,不会进垃圾箱。为了增加点开率,所以标题一定要设置好,内容要有价值。

操作方法:群发有价值内容,内容较多时可以附件的形式群发文档;不定期发送一些跟群主题相关的信息、新闻、八卦、资源等,邮件尾端带上自己的链接,如果是资源类,就直接在压缩包中加入自己的广告;群发后,自己不定期回复(群邮件的一个功能就是只要回复,所有的群成员都能收到),提醒群成员注意。

【任务拓展】

一、营销新宠:什么是 QQ 营销

QQ 营销,是指通过 QQ 平台,利用 QQ 工具软件的特性,向意向客户和潜在客户进行营销推广和销售的一种营销方式。QQ 营销的平台有 QQ 好友营销、QQ 群营销、QQ 邮件营销、QQ 漂流瓶、QQ 空间营销、企业 QQ 营销等。

QQ 营销的优势:

(1)平台作用。QQ 营销在告知的同时就起到了销售平台的作用,在销售的同时就起到了为客户服务的作用,传统营销的每一个环节都需要建立一个平台,从而在人力成本,固定资产投入,销售费用的投入等方面造成巨大的费用,而 QQ 营销则可以将多个平台整合在一起,从而节约企业的营销费用。

(2)地域无限制。QQ 营销无地域限制,不论客户在那里,QQ 营销都可以胜任。传统营销不会在什么地方都建设终端，特别是中小企业更不可能。而QQ营销虽然在这个地方没有营销网点，但是可以通过QQ营销联系到客户，利用物流同样可以产生交易。

(3)互动性强。传统营销的互动性较差，而QQ营销的互动性很强。作为即时通信工具，QQ营销可以主动出击，企业可以随时了解到顾客的需求信息，进而建设顾客需求数据库，为公司的营销决策提供科学的依据，通过QQ营销获得的数据信息更真实可靠。

(4)营销效率高。QQ营销搞营销活动的效率很快。QQ营销的效率表现在营销活动的各个方面，例如：企业要搞促销活动，QQ营销可以在促销活动的第一时间将活动信息通知给目标客户。

(5)方便顾客。QQ营销可以更方便顾客，顾客在售前、售中、售后的服务均可足不出户，为顾客提供服务。

(6)提高客户忠诚度。QQ营销可以提高客户的忠诚度，在面对企业突发事件时，可以起到积极有效的作用。QQ营销提高客户的忠诚度主要是因为和客户直接保持的良好的互动关系以及为客户提供一对一的营销服务。在面对企业突发事件时，QQ就可以起到巨大媒体的作用。

(7)服务量身定做。QQ营销可以为顾客提供量身定做的服务，传统营销在第一时间并不能满足顾客量身定做的要求，而QQ营销则可以通过网络让顾客自由搭配，自由选择自已所喜欢的产品。

(8)即时营销。即时效果可用于推广短期的活动，因为QQ群总是有一批用户时时在线，营销广告像聊天信息一样发布出来后，用户立即可以看到，可以即时将营销信息让用户了解，门户广告能够达到这样的效果，但是搜索引擎营销、论坛营销基本上都达不到这个效果。

(9)互动性强。QQ互动性强，可用于新商品的市场调研活动。论坛营销也有这样的互动性，但互动速度略显慢，搜索引擎营销和banner广告的互动性都较差，QQ营销因为依赖于QQ成员，所以当信息发布后，可以紧接与有意向的用户互动，收集用户对产品的建议，或者一步步引导用户了解产品。

二、精准高效：QQ营销的特点

早期的QQ只是个人用户之间信息传递的工具，随着网络营销的快速发展，即时通信工具作为互联网的一大应用，其重要性显得日益突出。最新调查显示，QQ已经成为人们工作上沟通业务的主要方式，有50%的受调查者认为每天使用QQ目的是方便工作交流，49%的受调查者在业务往来中经常使用QQ，包括更便捷地交换文件和沟通信息。QQ 营销的特点体现在以下几个方面：

(1)作为即时通信工具，QQ 成本低廉，反馈及时，针对性强，互动性强。

(2)针对目标人群精准、效率高、持续性长、低成本，很适合一些小企业做营销，因为耗资少，回报率高。

(3)我们可以使用 QQ 和好友进行交流，信息和自定义图片或相片即时发送和接收，语音视频面对面聊天等等。

(4)QQ 营销打破了传统销售模式，不必等待别人找到我们，我们可以通过 QQ 群，找到自己的目标客户群，直接可以在线与目标客户聊天，而且一个人可以同时和多个人聊天，客户不在线还可以留言，大大提高宣传效果。

三、沟通互动：QQ 营销运作的核心要点

根据销售与营销者国际组织调研发现：81%的销售都是在第 5 次沟通后成交，80%的目标客户在第一次接触产品信息后的 1 年之内才成交，超过 90%的客户不是从最初接触的公司手中购买，可见在网络市场上与客户建立牢固的信任关系是达到营销目的的关键所在。

(1)QQ 营销首先要对产品熟悉，熟悉产品是所有营销人，销售人员的必修课。

(2)制定目标并做到监控成效，保证 QQ 活跃度、与目标客户定期进行 QQ 沟通。

(3)要有耐心和恒心，坚持就是胜利。QQ 营销虽说是最直接的方式，但也需要培养信任感，这需要过程。

(4)QQ 交流时一定要多用表情和一些表达诚意表达愉快心情的文字，聊天只能看到文字，要用表情和能表达同样心情的文字来传递你的好心情和对客户的诚意尊重。

四、QQ 营销案例

桂林市平乐县广源农产品有限公司(图 4-31)，成立于 2011 年 5 月，是一家专门从事农产品加工和贸易的企业，主要加工、销售柿饼、柑橘、红薯干、苦瓜茶、罗汉果等农产品，是平乐县唯一一家在中国检验检疫局备案的柿饼出口企业。公司位于秀甲天下的桂林市，拥有得天独厚的自然环境和天气条件，选址在肥沃的土壤，清新的空气，山环水绕的绿色田野建立产品原料基地，采取公司加农户的经营模式，有效地保证了原料的品质和供应链的稳定，为提供绿色、健康的优质产品提供了有力保证。品牌“鸟犁山”被越来越多的消费者认可，喜爱，成为天然、健康、高品质的代名词，产品也跨越千山万水远销美国、韩国、欧盟、越南及中国香港等国家和地区。

图 4-31 广源农产品网站

通过 QQ 营销，对客户群体进行细分，结合自己的资源和战略，从"关注产品到关注客户"，通过客户的需求对产品进行定位。建立广源农产品 QQ 群，客服人员可以同时接待多个客户，提高了效率。同时 QQ 营销的群发功能，对公司的宣传活动发布也起到很好的效果，相对电话、短信，营销成本也降低了很多。使用群发功能快速告诉客户公司的最新动态，很好地维护了老客户，同时也拓展了新客户，每天咨询量明显增加，同时也提高了客户的满意度。

【任务巩固】

1. 如何制定合理的农产品价格？
2. 营销 QQ 的资料设置需把握哪些原则？
3. 如何根据自己的业务特点加群？
4. QQ 群营销常见策略有哪些？

【任务评价】

通过注册申请和使用 QQ、设置个性化资料、添加 QQ 好友、加入 QQ 目标群，完成与潜在客户的即时信息沟通和互动，较好地获取了农产品相关信息，实现了农产品宣传等目的。

项目名称			姓名		时间	
评价指标	自我评价	小组评价	学习体会			
能注册营销 QQ 号,并设置好个人资料						
能开通 QQ 空间,设置群相册并添加相片						
能加入至少 5 个相关 QQ 群,并设置好群名片						
能利用 QQ 群策划一次活动,对产品进行营销						
能创建 QQ 群,并设置添加群成员						
能选择一个 QQ 群发送一封群邮件						
综合评价						

项目五　建立双向沟通的网络营销团队

任务一　开展农产品的软文营销

【任务目标】

软文营销是生命力最强的一种广告形式，也是很有技巧性的广告形式，软文是相对于硬性广告而言，由企业的市场策划人员或广告公司的文案人员来负责撰写的“文字广告”。与硬广告相比，软文之所以叫做软文，精妙之处就在于一个“软”字，好似绵里藏针，收而不露，克敌于无形。通过学习，掌握软文营销的要素、特点、如何撰写软文、运用须知、最佳效果以及扩散途径，并能很好地运用到农产品的营销上。

完成本学习任务后，你应该能

- 学会撰写软文
- 掌握软文营销
- 了解网络营销团队的组建

【知识准备】

一、软文营销

软文营销，就是指通过特定的概念诉求、以摆事实讲道理的方式使消费者走进企业设定的“思维圈”，以强有力的针对性心理攻击迅速实现产品销售的文字模式和口头传播。比如：新闻，第三方评论，访谈，采访，口碑。软文是基于特定产品的概念诉求与问题分析，对消费者进行针对性心理引导的一种文字模式。

所谓软文就是带有某种动机的文体；而软文营销则是个人和群体通过撰写软文，实现动机，达成交换或交易的目的的营销方式，可以相对于硬广告而言。众所周知，硬广告是一种纯粹的广告，直接的广而告知。而在软文中，如销售信函、广告文案、招商宣传等，他们都是带有“硬广告”性质的软文。

二、软文营销策略

（一）软文话题策划

软文话题的策划要准确把握用户群的特点，根据营销的导向性来策划话题。应该关注用户信任的建立，反映软文营销的话题奥妙可意会而难以言传，侧重活动和特色产品的推广，非常新颖。

（二）软文发布策划

软文营销形式包括新闻营销、论坛营销、QQ 空间营销、微博、微信营销、问答营销、邮件营销等等。

三、软文营销意义

软文营销是生命力最强的一种广告形式，也是很有技巧性的广告形式。软文是相对于硬性广告而言，由企业的市场策划人员或广告公司的文案人员来负责撰写的“文字广告”。与硬广告相比，软文之所以叫做软文，精妙之处就在于一个“软”字，好似绵里藏针，收而不露，克敌于无形。等到你发现这是一篇软文的时候，你已经冷不丁的掉入了被精心设计过的“软文广告”陷阱。它追求的是一种春风化雨、润物无声的传播效果。如果说硬广告是外家的少林工夫，那么，软文则是软硬兼施、内外兼修，才是最有力的营销手段。

软文营销文字可以不要华丽、可以无须震撼，但一定要推心置腹说家常话，因为最能打动人心的还是家常话；绵绵道来，一字一句都是为消费者的利益着想。

四、互联网中的软文营销

既可以节省广告费，又可以让客户快乐、安然地接受的方式是什么呢？就是互联网软文营销。网络软文营销对企业来说会有一个很大的市场和绝对良好的广告效应。那么如何做好互联网软文营销呢？在具体的操作过程中，互联网软文营销还需要抓住几个贴近现实的点。

第一，抓住产品

软文营销的首要新闻源即产品。软文写作者应首先从产品本身下手，挖掘新闻点。例如，一个企业开发出水净化机器，可以通过机器循环利用水，只要企业告诉一些媒体这个消息，想必不等机器上市，各类媒体就会对此争相报道。这是为何呢？很简单，水净化机器是在水资源稀缺的时代里，产生的一个产品，从本质上，它的出现将会解决水缺少问题，这是社会与科学技术的进步与发展；并且它是行业"第一"出现，这就是很好的新闻，所以才会引来媒体的报道。

第二，善于抓住企业领导人

如今，越来越多的企业领导人从幕后走向台前，不再是仅仅在办公室里管理公司签合同，出门就去会客户的简单模式了。很多企业领导人将自己的生活暴露，管理理念公开，甚至写一些传记等图书来影响大众，由此提升企业形象。例如，风靡全球的乔布斯，享誉世界的比尔·盖茨，都是很好的例子。他们通过一些媒体来对外公开和分享他们的成功与失败的经验和思想。这也是软文写作的第二大新闻源。

第三，及时关注并利用行业地位

在行业竞争如此激烈的时代里，软文写作者应及时收集行业内动向，将一些行业资料撰写成软文，用以宣传公司。例如，电信行业的华为、汽车界的比亚迪、电商界的阿里巴巴、影视界的华谊兄弟等，由于其行业地位会成为新闻媒体追踪报道的焦点对象。

第四，善于利用企业事件

企业事件正在以被动与主动混合交替的形式成为新闻媒体的追捧。比如汽车行业里，轰动一时的吉利收购沃尔沃事件，使得一度普通的吉利公司迅速成为当下的新闻焦点。

第五，通过企业活动推广和营销

企业活动就是比较正式的新闻源，企业通过策划一些活动，来邀请媒体参加并报道，从而提升企业形象。例如，一些企业赞助奥运会等大型活动，新闻媒体都会进行报道，软文写作者可以根据其社会意义进行修改和润色。

五、农产品网络软文营销的需求

在互联网时代，网络传媒覆盖的年龄层次逐渐增加，影响力也越来越大。对于软文来说，其推广作用较之电视期刊报纸，更占优势、性价比更高。同时，软文较传统广告灵活许多，可以为厂家带来足够的推广的空间，为商家在第一时间造势、宣传。

针对农产品的营销，软文营销更体现出其独到的优势。例如，食用油行业是与老百姓的生活息息相关的一个行业。通过网络软文的宣传，油脂商家可以达到宣传的目的，宣传企业、活动、商品、文化等等；在企业品牌得到推广的同时，还可以为企业扩展销售渠道，提升销量；同时为一些需要加盟商的企业提供众多的加盟商家，使得企业快速发展。

【任务实施】以动心美文赢得市场

第一步　有效发布农产品软文

如何撰写农产品类网站的推广软文，让软文发布点亮此类网站，注意做到以下几点：

(1)突出绿色健康。网站的推广软文要想在开始就能抓住市民的眼球，就必须在开头就强调产品的绿色、健康理念。

(2)突出各地特色。这要求农产品类推广软文要着重突出，网站上的产品来自全国各地，且大多为各地的特色产品。

(3)突出便利快捷。撰稿者在撰写此类推广软文时，一定要讲清楚，要让市民在第一时间明白方便在哪里？快捷在哪里？

(4)突出价格优惠。让市民去网站买农产品，就要有更吸引市民的理由。软文中对农产品网站的价格描述就必不可少。

第二步　软文营销案例——伊伊伊去火茶

感心为上，这种方法是软文撰写用得最多的方法，而且广告效果屡试不爽，特别是药品、保健品类的软文广告表现得尤其明显。我们一起学习一个例文(图 5-1)：

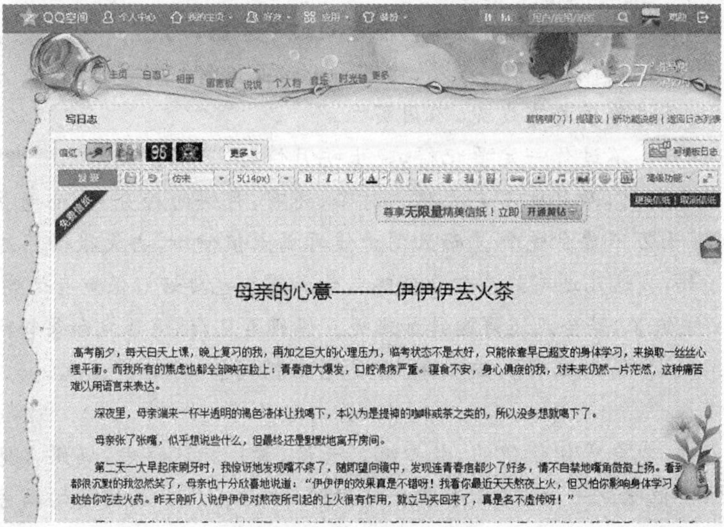

图 5-1　软文案例

母亲的心意——伊伊伊去火茶

高考前夕，每天白天上课，晚上复习的我，再加之巨大的心理压力，临考状态不是太好，只能依靠早已超支的身体学习，来换取一丝丝心理平衡。而我所有的焦虑也都全部映在脸上：青春痘大爆发，口腔溃疡严重。寝食不安，身心俱疲的我，对未来仍然一片茫然，这种痛苦难以用语言来表达。

深夜里，母亲端来一杯半透明的褐色液体让我喝下，本以为是提神的咖啡或茶之类的，所以没多想就喝下了。

母亲张了张嘴，似乎想说些什么，但最终还是默默地离开房间。

第二天一大早起床刷牙时，我惊讶地发现嘴不疼了，随即望向镜中，发现连青春痘都少了好多，情不自禁地嘴角微微上扬。看到一直都很沉默的我忽然笑了，母亲也十分欣喜地说道："伊伊伊的效果真是不错呀！我看你最近天天熬夜上火，但又怕你影响身体学习，都不敢给你吃去火药。昨天刚听人说伊伊伊对熬夜所引起的上火很有作用，就立马买回来了，真是名不虚传呀！"

原来，对于我的沉默，母亲一直惦记于心，她永远都站在我的身后给予我无限的关心。每个深夜，她都会在我睡下后，才安心去睡。

其实，每年高考时，孩子们固然很累，但最累的还是默默支持他们的父母！

转眼又是一年团圆夜，远在外地工作无法回家的他，望着渐渐升起的月亮，拿起手机，给仍在家乡的母亲打了个电话。

"喂？妈，我最近工作太忙，恐怕只能等到过年才能回去了……"

"又不能回来啊！独自一人在外，你可要小心身体啊。对了，记得买月饼吃！"

"知道啦，不过单位都有发呢，不用买啦。"

"哦，那就好。不过你一定要记得，晚上吃月饼时，多喝点儿茶水。你消化不太好，这样有助于消化，而且也不会太腻。对了，还有，月饼的糖分大，油量多，吃多了还容易上火。千万不要贪吃啊。而且到时候再喝点伊伊伊，去火很管用呢。"

"知道了妈，我这儿还有好多伊伊伊呢。你和爸爸也要好好保重身体啊。先就这样吧，我要去吃饭了，等会儿还得继续加班呢。妈妈再见，记得帮我和爸爸问声好。"

"大过节的还得加班呀？这么晚还没吃上饭呀？熬夜易上火，一定要喝伊伊伊！"

"好啦好啦，我会喝伊伊伊的，放心吧。长途，贵！就这样啦，妈妈再见！"

深夜里，当他吃完一块月饼，手拿一杯伊伊伊，站在几十层楼高的写字楼窗前，望着窗外，仰望夜空，思念家乡时，不自觉就想起了妈妈的嘱托与叮咛。月光入眼，泪光闪烁，不知身在家乡的亲人们，是否和自己一样，正在抬头赏月，互相思念……

案例解析：

《母亲的心意——伊伊伊去火茶》从软文的题目上就给人以温暖亲切的感觉，就能吸引读者不由自主的深入读下去。软文营销的文字可以不要华丽、可以无须震撼，但一定要推心置腹说家常话，因为最能打动人心的还是家常话；绵绵道来，一字一句都是为消费者的利益着想。

感心为上，是软文撰写最大特点。所谓"感心为上"，大多以"亲情"、"爱情"、"爱心"、"孝心"为主线，动之以"情"，再"晓之以理"，必会取得良好的效果，不能只盯着消费者的口袋，让人掏钱买东西，要言出由衷，流露真诚。本着一个敢于承担社会责任或宣传人性真、善、美及社会美德的真心去撰写，再尽量实事求是地推介你的产品卖点，才可能为广大消费者所接受与认可，达到品牌宣传和促进销售的目的。这种方法的要旨是找到产品卖点与情感主线的必然联系。

【任务拓展】

网络营销团队的组建：

网络营销是企业的一项战略工程，网络营销战略的实施需要一个配置合理、配合密切、战斗力强的营销团队。拥有了合适的团队，网络营销战略就已成功一半。网络营销团队的核心组成：

1. 真正理解商业运营的营销专业人员

他能从企业的所在行业理解企业战略，理解竞争。有营销的策划能力和整合能力。具备专业咨询顾问的素质，能够有效地说服客户用正确的方式做正确的事业。

2. 理解中国互联网特征的网络营销专业人员

他们明白互联网能做什么，更重要的是他们知道互联网不能做什么。他们能够指导项目实施团队以更高的层面把握一些原则并作出合理的选择。

3. 专业的程序开发人员

不一定是最聪明的程序员，但是要有丰富的经验。不一定需要他总是"重新创造车轮"，但要他很有创意的利用已有的工具和开源程序，有效的扩展所需要的功能。

4. 专业的数据分析人员

对数据敏感且能够从大量的数据中提取具有商业价值的信息，及时提供这些信息给策划和决策人员，这同时需要这些数据分析人员具备良好的商业演示能力。

网络营销战略的实施，可以分为网络营销策划、网络推广、客户沟通、客户服务、网络销售促进、在线销售几个方面。网络营销团队的配置就是根据战略的实施需要,来组织合适的团队去执行。有了优秀的网络营销团队,作为老板必须充分的信任,放手做！不要因为一时没有结果就盲目动摇,作为员工要重视并喜爱自己的工作,网络营销,是一份工作,更是一份事业。

【任务巩固】

1. 撰写农产品软文。

2. 使用QQ空间、微信等手段进行网络的软文传播,以达到软文营销的目的。

【任务评价】

结合农产品和软文撰写的知识,针对某种农产品撰写软文,并且能通过各种网络手段上传到网络,已达到营销的目的,为农产品网络营销创立软文营销的良好平台。

项目名称			姓名		时间	
评价指标	自我评价	小组评价	学习体会			
撰写软文						
借助QQ空间,将软文上传网络						
借助微信平台,将软文发布到手机网络						
综合评价						

任务二　开展农产品的微博营销

【任务目标】

通过学习,学会安装互联网常用双向沟通工具和软件,并能微博、博客与潜在客户进行实时和有效的双向沟通,建立和谐、友善、诚信和合作的客户关系。

完成本学习任务后,你应该能

- 掌握微博
- 做微博营销案例

【知识准备】

中国互联网已经全面进入微博时代！新浪与腾讯微博网易微博和搜狐微博的注册用户总数已经突破 6 亿，每天日登录数超过了 4 000 万。微博用户群又是中国互联网使用的高端人群，他们是城市中对新鲜事物最敏感的人群，也是中国互联网上购买力最高的人群。

一、微博营销

微博营销是指通过微博平台为商家、个人等创造价值而执行的一种营销方式，也是指商家或个人通过微博平台发现并满足用户的各类需求的商业行为方式。微博营销以微博作为营销平台，每一个听众（粉丝）都是潜在营销对象，企业利用更新自己的微型博客向网友传播企业信息、产品信息，树立良好的企业形象和产品形象。微博营销涉及的范围包括认证、有效粉丝、话题、名博、开放平台、整体运营等，当然，微博营销也有其缺点：有效粉丝数不足、微博内容更新过快等。

二、微博营销的分类

（一）个人微博营销

个人做好自己微博营销的方法和经验技巧。

很多个人的微博营销是由个人本身的知名度来得到别人的关注和了解的，以明星成功商人或者是社会中比较成功的人士为主。他们运用微博往往是通过这样一个媒介来让自己的粉丝更进一步的去了解自己和喜欢自己，他们的宣传工作一般是由粉丝们跟踪转帖来达到营销效果的。

（二）企业微博营销

企业一般是以盈利为目的性的，他们运用微博往往是想通过微博来增加自己的知名度，最后达到能够将自己的产品卖出去，企业微博营销时，应当建立起自己固定的消费群体，与粉丝多交流，多互动，多做企业宣传工作。

三、微博营销的技巧

（一）注重价值的传递

企业博客经营者首先要改变观念——企业微博的“索取”与“给予”之分，企业微博是一个给予平台。截至 2011 年，微博数量已经以亿计算，只有那些能对浏览者创造价值的微博自身才有价值，企业只有认清了这个因果关系，才可能从企业微博中受益。

(二)注重微博个性化

微博的特点是“关系”、“互动”，企业微博切忌仅是一个官方发布消息的窗口那种冷冰冰的模式，要给人感觉像一个人，有感情，有思考，有回应，有自己的特点与个性。

(三)注重发布的连续性

微博就像一本随时更新的电子杂志，要注重定时、定量、定向发布内容，让大家养成观看习惯。

(四)注重互动性加强

微博的魅力在于互动，拥有一群不说话的粉丝是很危险的，因为他们慢慢会变成不看你内容的粉丝，最后更可能是离开。互动性是使微博持续发展的关键。“活动内容＋奖品＋关注(转发/评论)”的活动形式一直是微博互动的主要方式，但实质上奖品比自己企业所想宣传的内容更吸引粉丝的眼球，相较赠送奖品，自己的微博能认真回复留言，用心感受粉丝的思想，才能换取情感的认同。如果情感与“利益”(奖品)共存，那就更完美了。

(五)注重系统性布局

微博营销虽然看起来很简单，对大多企业来说效果也很有限，从而被很多企业当做可有可无的网络营销配角。其实，微博这种全新形态的互动形式，其潜力又有多少人能看清，发挥出的作用很小的原因是本身投入的精力与重视程度本就不高。企业想要微博发挥更大的效果就要将其纳入整体营销规划中来，这样微博才有机会发挥更多作用。

(六)注重准确的定位

涉及微博定位的问题，很多企业抱怨：微博人数都过万了，可转载、留言的人很少，宣传效果不明显。这其中一个很重要的原因就是定位不准确。假设玩具行业，那么就围绕一些产品目标顾客关注的相关信息来发布，吸引目标顾客的关注，而非是只考虑吸引眼球，导致吸引来的都不是潜在消费群体。这个起步阶段很多企业博客陷入这个误区当中，完全以吸引大量粉丝为目的，却忽视了粉丝是否目标消费群体这个重要问题。

(七)企业微博专业化

企业微博定位专一很重要，但是专业更重要。同场竞技，只有专业才可能超越对手，持续吸引关注目光，专业是一个企业微博重要的竞争力指标。微博不是企业的装饰品，如果不能做到专业，只是流于平庸，倒不如不去建设企业微博，因为，作为一个“零距离”接触的交流平台，负面的信息与不良的用户体验很容易迅速传播开，并为企业带来不利的影响。

(八)注重控制的有效性

微博不会飞，但是速度却快得惊人，当极高的传播速度结合传递规模，所创造出惊人的力量有可能是正面的，也可能是负面的。因此，必须有效管控企业微博这把双刃剑。

(九)注重方法与技巧

很多人把微博定位成短信，然后随笔、唠嗑。对于一个企业微博来说，就不能如此。我们不是明星大牌，也不是普通百姓，我们开设微博不是为了消遣娱乐，创造企业的价值是己任，任何不以创造企业价值为目的的企业微博都是欠妥当的。

想把企业微博变得有声有色，持续发展，单纯在内容上传递价值还不够，必须讲求一些技巧与方法。比如，微博话题的设定，表达方法就很重要。如果你的博文是提问性的，或是带有悬念的，引导粉丝思考与参与，那么浏览和回复的人自然就多，也容易给人留下印象。反之带来新闻稿一样的博文，会让粉丝想参与都无从下手。

四、微博营销原则

(一)真诚原则

真诚是微博营销的基本原则，微博营销绝对是一个以年计算的长期行为。微博上的交朋友和现实中交朋友一样，好的声誉就是财富。而积累良好的声誉需要时间，而没有真诚的互动就不可能良好的声誉。

(二)乐观开朗原则

在现实中，我们可以发现，人们更愿意和乐观开朗的人交朋友。微博上的互动交往也不例外，没有人会讨厌你的幽默感，没有人会讨厌你与他分享快乐。

(三)宽容原则

宽容意味着大气和绅士风度，而苛刻意味着小气和“独裁”，没有多少人会喜欢苛刻性格的人。微博应该有鲜明的价值观，并且坚持这种价值观，不随波逐流，左右摇摆。例如，谷歌在“不作恶”价值观上的坚持为其赢得了巨大的声誉。若与真诚原则相抵触，势必对品牌形象带来严重的损害。

(四)个性魅力原则

在微博推广上做推广的企业和个人很多,微博营销因此也竞争激烈,千篇一律的营销手段将使得受众产生审美疲劳,只有那些具有个性魅力的微博账号(其实是账号后面的微博营销者)才能脱颖而出。微博营销者这个角色至关重要,因为他(她)就是你的企业的网络形象大使,他(她)的个性魅力代表了企业的个性魅力。

(五)利益原则

能满足粉丝内心需求的事物都是需要我们去创造的。比如戴尔经常通过微博发布一些打折信息和秒杀信息。

(六)趣味原则

实际上,我们发现,无论是在国外的交流平台上,还是在国内的平台,幽默的段子,恶搞的图片,滑稽的视频总是获得大众的青睐。一般情况下,包含有广告内容的营销消息,更需要以有趣的方法引起围观、号召大家参与。

(七)互动原则

微博有奖转发活动一直都是微博互动的主要方式,但实质上,更多的人是在关注奖品,对企业的实际宣传内容并不关心。相较赠送奖品,微博经营者认真回复留言,用心感受粉丝的情感认同。这就像是朋友之间的交流一样,时间久了会产生一种微妙的情感连接,适时结合一些利益作为回馈,粉丝会更加忠诚。

(八)创新原则

微博这一新生事物在全球范围内都是刚刚商业化应用不久,加之自身非常高的扩展性,使得微博营销的模式具有很大的探索空间。抓住机会,有效创新,就可以从中轻松获益。

(九)保持热度的原则

为了让微博信息保持一定的热度,你可以有意设置一些问题让别人来答疑,甚至可以掀起一些辩论、争吵,让你的消息及其回复不断地引起波澜,产生震动。

【任务实施】实施微博营销

微博营销的策略和理论最终还是需要落实到企业的具体日常运营中,企业首先要改变“微博营销=发微博”的简单认识,微博营销是一个复杂的涉及多个步骤和企业多个部门的过程,作为营销的一种形式,我们将微博营销的实战总结为以下五个基本步骤(图 5-2)。

正因为微博营销是一个复杂综合的长期过程，步骤之间的划分和实施并没有严格的界限，各个步骤也可能处在不断的变动中。对于微博营销的团队，也可能在某段时期内涉及不同部门的人员，需要和很多资源进行协调。具体的营销计划和方案则是经常需要根据企业具体产品和活动进行变化。企业必须通过之前营销效果的评估和反馈，调整营销团队构架和人员，修改和更新微博营销的计划，不断循环和重复这一过程。

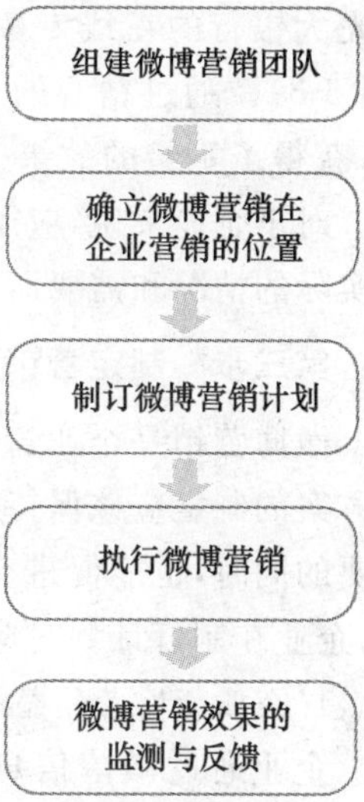

图 5-2　微博营销的基本步骤

第一步　组建微博营销团队：明确构架，挑选人员

组建一支合格的微博营销团队是进行微博营销的基础工作。首先需要解决的问题是如何设置营销团队的构架。微博营销团队中必须有能够起到统领作用的协调型领导，负责不同项目信息收集、整理、传递的人员和直接操作微博发布信息，与用户直接沟通的"微博客服"。

微博应需要灵活调整微博营销人力资源的配置，紧跟市场和企业自身条件、目标的变化，以发挥最大的效用。例如，企业如果是从事时尚服饰类的营销，潜在的微博营销客户群体大部分为年轻人，拥有追求时尚、新奇等特点。

图 5-3　光大银行的专家链接栏目

第二步　确立微博营销在企业营销的位置：找准定位，形成机制

微博营销的团队组建好之后，最直接面临的问题就是企业需要用微博做什么，也就是说运营的人员需要借用微博这个平台完成什么样的营销功能。在前文中，我们介绍了微博营销各方面的功能，也阐述了微博营销的策略。企业在进行微博营销的时候，并不是说必须要应用所有这些功能，把所有策略都要考虑进去，只是做好微博营销功能的某一个部分，就能够带来意想不到的收获。

例如，光大银行，它的微博整个都围绕着用户的沟通和服务功能来运作，微博利用企业微博新的员工模块区分职能，明确地引导网友找到光大银行的在线专家微博账号，方便用户直接联系、直接咨询想要问的问题（图 5-3）。通过精心的设计，光大银行突出了微博的互动沟通和客户服务的职能，获得了不错的效果。

对于企业来说，应用微博的何种功能没有一个可以通用的原则，要根据企业具体实际的情况和需要而定。

第三步　制定营销方案：做好计划，确立目标

微博营销是企业营销的一部分，依赖于企业的整体营销战略而存在。微博营销方案的制定应该保持这种一致性，以企业的整体营销目标为依据，满足微博营销需要的同时，也能促进企业整体目标的实现，根据微博这个平台所擅长的营销功能，企业在制订计划时应当主要考虑以下几个方面。

1. 企业微博营销整个运作过程吸引培养潜在的客户数目、带来的直接促销效应

企业通过微博信息的传播会带来一定的宣传效果，包括活动的传达、新产品的信息推广、企业知名度的提高和由此带来的销量增长等。企业通过发送一些优惠代码、优惠券等方式进行的活动，带来的销量增加是可追踪和可统计的。

2. 企业微博营销给企业品牌带来的价值增值

由于微博是企业品牌营销的重要渠道，这种价值增值表现为企业品牌形象的提升、品牌内涵附加值塑造、对消费者品牌认知的引导等和企业品牌价值增值息息相关的方面。

3. 企业通过微博获取的信息数量和质量

微博强大的信息流对企业来说，只要能够进行合理的筛选和要载体和表现形式，只要能够进行合理的筛选和辨别，就能够从中获得相当有价值的信息，帮助企业了解最新消费者偏好动态以及预警负面危机。

4. 企业通过微博预警和解决危机的情况

微博是企业进行危机公关的得力助手，虽然并不是所有企业都会经历这种危机，但企业必须对如何利用微博这个风向标，去预防通过网络信息爆炸式传递造成的灾难性后果。

第四步　微博营销的执行：建立账号，发布微博

企业进入微博营销实战的核心阶段——微博营销的具体执行，可以从以下两步：建立微博账户和通过微博发布信息开始。

首先，建立微博账户。

建立微博账户是企业进驻微博的第一步，国内主要的微博服务商，包括新浪、

腾讯、网易、搜狐等，其中影响力最大的是新浪微博（图 5-4）。

图 5-4　微博首页

1. 微博账户命名

命名是开通微博的第一步，一般企业都倾向于以企业的本名进行注册，起到让人一目了然的作用。同时，很多企业以自己的名字为基础，进行“再加工”，使微博的名字更加个性化，企业甚至可以结合自己的产品和创意，利用名字为自己的活动和宣传造势。图 5-5 为中泽优质农产品的微博首页。

图 5-5　中泽优质农产品的微博首页

2. 微博简介编辑

名称定好之后，接下来是填写关于微博的简介，这种简介可以随时更改，可以附加几句公司的核心理念、企业愿景等内容，也可以提示重要信息，一般很多企业会加上一句标明身份的“×××企业官方唯一微博”，也有很多企业微博简介会加上官方网站的链接和服务热线，甚至是整个企业微博营销团队的其他微博链接。

3. 微博头像设置

关于微博头像，大部分企业会选择公司标志，或者常见的公司的宣传图画，这种标准化的做法无可厚非，也能够显示企业的专业化和身份，但是选择统一的样式可能缺乏新意。企业在微博上注册账户，要考虑到社会化媒体个性化的特点，前卫和创新通常能给企业带来意想不到的收获。

4. 微博背景图片设置

以新浪微博为例，可供用户选择的选项中，对微博个人主页样貌改变最大的即是该选项，选择合理的图片进行编辑设置，可以使用户对企业的微博页面留下深刻的印象，也给人一种专业的感觉。由于国内微博的盈利模式还在起步阶段，企业常常在进行微博营销的时候，利用背景图片给微博植入硬性的广告，这种页面容易给用户带来“纯广告”的印象，产生厌恶感。所以，重要的信息除了放在简介部分，同样也可以通过图片呈现，放到页面的背景图片中，当然，此时要注意版面的整洁和美观性(图 5-6)。

图 5-6 微博首页风格设计

5. 微博账户“V”认证

建立微博账户之后，企业还需要做的一件事情是给自己的微博加上“V”字认证。“V”字认证是新浪微博的一项免费服务，企业开展微博营销进行“V”字认证是必须的，它能让用户准确识别企业的微博，从而获得真实可靠的信息(图 5-7、图 5-8)。

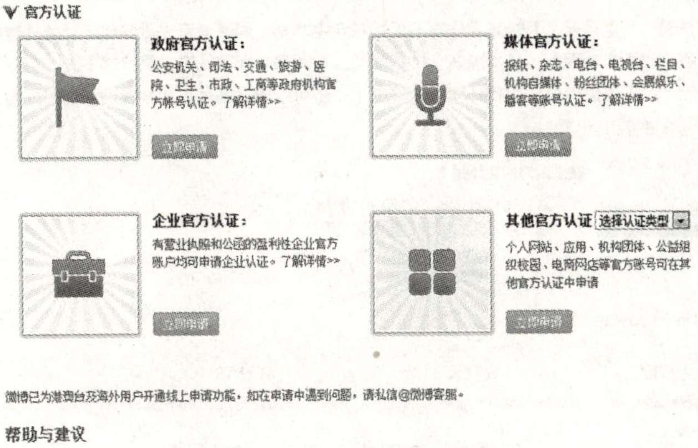

图 5-7　“V”认证链接

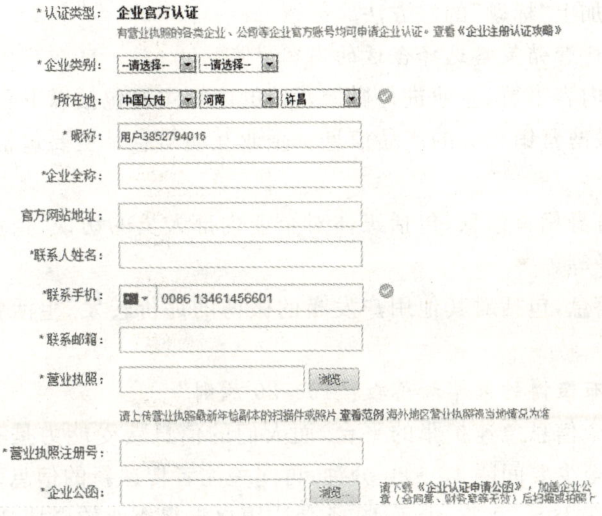

图 5-8　“V”认证界面

其次，通过微博发布信息。

完成注册和认证的工作之后，企业就需要通过发布一定的信息吸引其他用户的关注。图 5-9 为基因农业网的一条微博信息。

1. 给自己的微博加上标题

微博带有标题之后，更加易于其他用户迅速分辨和获取信息。同时，合理、精练的标题还有利于用户进行检索，也便于发布微博的企业自己对传播效果进行进一步的搜索和跟踪。

图 5-9 基因农业网的一条微博

另外，通过话题模式用“#”将微博的主题单独列在微博之前，也是一种常见的给自己的微博加上“标题”的好方法。

2. 根据微博营销策略选择合适的内容发布

从微博的内容来看，企业进行微博营销的内容主要包括以下几种。

(1)企业微博营销相关的产品信息。企业互动信息。主要包括各类促销、抽奖活动等。

(2)企业自身相关信息，包括媒体对企业内部人员的访谈、企业新产品发布会资讯、企业愿景等。

(3)其他信息，包括对其他用户发布的微博的评价转发、生活常识、哲理话语、善意提示等。

3. 控制发布微博的频率和总数：“10～20 原则”

微博是一个信息急速扩张的平台，而人们的信息接受能力是有限的。微博条目的发布一般至少要间隔 10～20 分钟，再向关注者传递新的信息。微博发布的条目总数每天应在 10～20 条，少于 10 条会让用户觉得企业的微博缺乏活力和投入，多于 20 条则会有信息臃肿、缺乏中心、过于“啰嗦”的倾向。

4. 注意发布微博的时间段技巧

由于微博营销的特殊性，相对最有效率的办法是选择人们使用微博的活跃时段进行主要微博营销信息的发布。根据统计，微博开始活跃是从一天的早上 8 点钟左右开始，在 10～12 点到达一个峰值，然后下午 2～4 点、晚上 8～12 点信息的发布量相比其他时段也较多。晚上 12 点过后信息发布量急剧下降，约在凌晨 2 点之后到达冰点(图 5-10)。

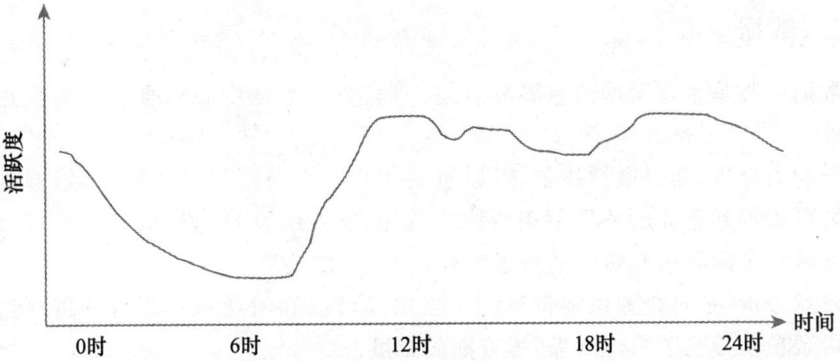

图 5-10　微博活跃度和时间的关系图

第五步　微博营销的效果评价与反馈:微博营销的效果可以衡量

微博营销可以通过粉丝数、微博数、日均微博数、转发数、评论数、关注率、活跃粉丝率、互动率等方面进行营销效果的检验。微博营销是一个长期的过程,强调的是一种互动的沟通和良好关系的维持,最终达到品牌形象建立和维护的目的。

【任务拓展】

新浪企业微博操作介绍

一、应用中心

应用中心是企业微博最为突出的一项功能,让企业通过不同的应用来满足企业的不同功能。新浪微博在很早就推出了开发平台战略,在开发平台上也涌现了数量繁多的应用。企业可以根据自己的需求重点安装自己感兴趣的应用(图 5-11)。

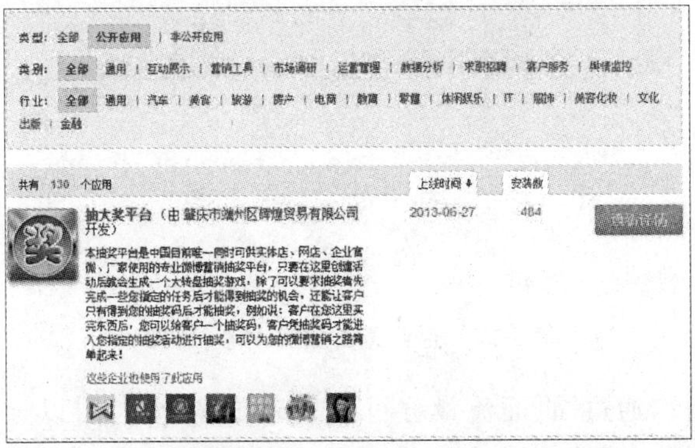

图 5-11　企业版应用广场

二、数据中心

数据中心是企业微博的重要亮点之一，官方的数据中心综合了很多数据应用的长处。

影响力分析，通过微博指数，可以看到用户对企业微博是否感兴趣，通过微博互动则可以看到企业的哪些营销行为更受用户关注，而通过短链分析则可以监测企业微博发布内容中有短链的流量统计，进而评估效果。

粉丝分析，是对企业微博自身的粉丝增长情况和粉丝特征进行分析，包括“粉丝质量”“粉丝特征”“粉丝习惯”等方面的维度。

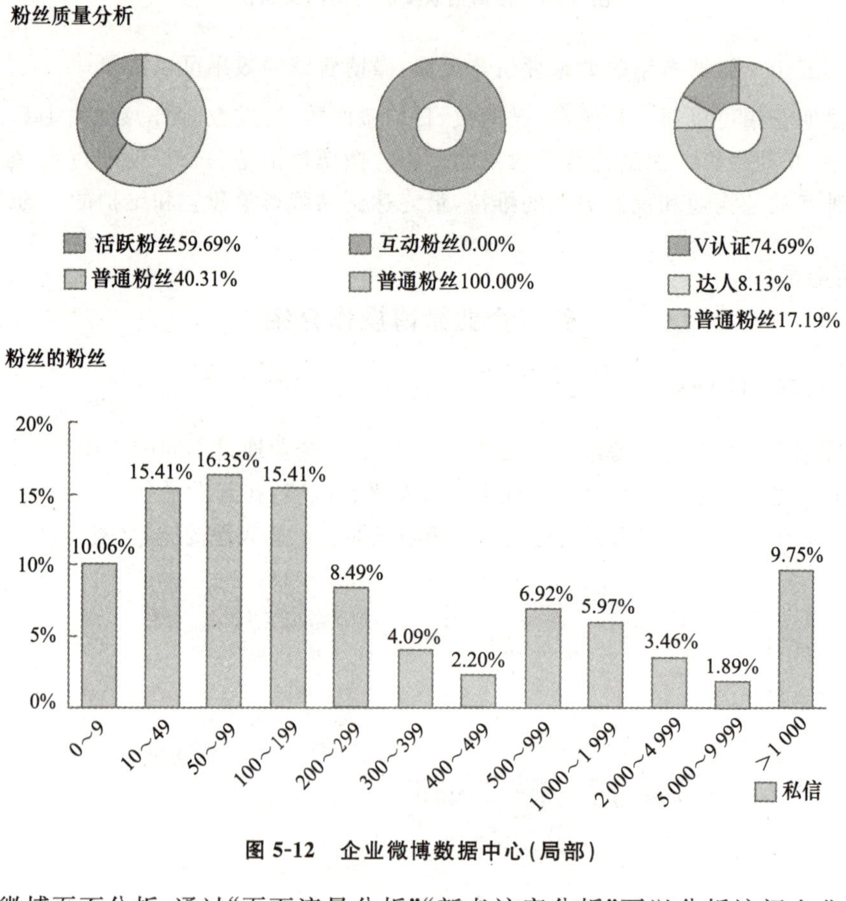

图 5-12 企业微博数据中心(局部)

微博页面分析，通过“页面流量分析”“新老访客分析”可以分析访问企业首页的流量和访客情况。这个模块主要涉及访客的性别、年龄、地区以及页面停留时间。这给企业一个重要的提示:做好页面装饰、做好微博内容非常重要。

三、广告中心

广告中心是微博推出为企业提供自助广告的售卖系统,该广告中心目前是一个叫“粉丝通”的信息流广告产品,该广告系统主要的特征是海量触达、精准投放,主要针对中小企业,同时,企业用户也可以登录专门的网站进行自己的广告管理,对于已经使用广告系统的用户,下面是我们提供几条重点的投放建议。

1. 设计好广告的文案

文案和创意永远是提高广告点击的一个重要因素,如新浪的广告系统提供了两种竞价模式,一种为CPM(千人成本)另一种为CPE(按参与付费)。两种计价模式最终都要换算成同一个计价单位进行竞价就是互动率,当我们的互动率高,竞价就越有优势。提高互动的文案通常有以下特征:精美的图片和简单明确的内容。

图5-13　襄城馆土特产粉丝通后台

2. 选好定向人群

微博的自助广告重要意义就是精准,可根据微博用户的年龄、性别、地域、兴趣等多个维度进行投放。客户与微博互动的可能性也就越大,提高了互动率,广告的效果也就大大提升。

3. 不断调整广告计划和创意,找到适合自己的微博广告计划

微博的广告是按竞价的模式进行的,在微博投放广告的时候,应该不断地调整自己的广告计划,在不断调整的过程中获得最佳广告。

四、粉丝服务平台

粉丝服务平台,是帮助微博认证用户为主动订阅他的粉丝提供精彩内容和互

动服务的平台，可以简单地理解为，建立在微博私信基础上的“微信公众平台”。对于开通了“粉丝服务平台”的账号，可以实现私信自动回复、私信人工客服及订阅提醒功能。

图 5-14　粉丝服务平台消息类型

粉丝服务平台的主要功能如下：

(1)群发私信。把认为好的内容筛选出来，推荐给想要推送的粉丝。

(2)实时私信。查看最近 5 天用户发送给使用者的私信，快速给用户回复。

(3)素材管理。提前编辑要推送的内容，包括文字、图片、图文消息等都可以提前上传保存在素材库里。

【任务巩固】

1. 注册微博(新浪、腾讯)。

2. 使用微博的广告中心、粉丝服务平台、营销中心进行农产品推广。

【任务评价】

结合微博自身的功能和农产品的特点，最大限度的发挥微博这一新兴的网络营销手段，以达到销售的目的。

项目名称			姓名		时间	
评价指标	自我评价	小组评价	学习体会			
注册微博						
借助微博进行产品营销						
微博营销粉丝服务平台						
综合评价						

项目六　农产品网络营销的品牌战略

任务一　农产品的网上店铺经营策略

【任务目标】

农产品品牌化的精心设计与努力打造，能感染吸引顾客，培养消费者忠诚，有利于农产品的差异化竞争，满足消费者个性化需要。搭上信息化的快车，以品牌化带动农产品的销售，尝试基于网络进行农产品营销模式、品牌策略的创新，是全球化背景下现代农业企业应具有的市场营销意识，势必收到良好的经济回报。

完成本学习任务后，你应该能

- 了解农产品品牌战略的重要意义
- 学习有效实行农产品品牌化
- 掌握在网上开店铺的基本流程和知识
- 学会在网络上建立自己的农产品网店

【知识准备】

一、农产品网络营销品牌战略认知

(一)农产品网络营销环境概述

当前，农产品流通不畅已成为阻碍我国农业和农村经济健康发展、影响农民增收乃至农村稳定的重要因素。农产品卖难，其实质问题是小农户与大市场不相适应的矛盾。由于农产品市场信息不灵、农村市场商品流通体系不健全导致农产品的结构性、季节性、区域性过剩。图 6-1 的漫画形象地说明了农产品流通不畅的现状。

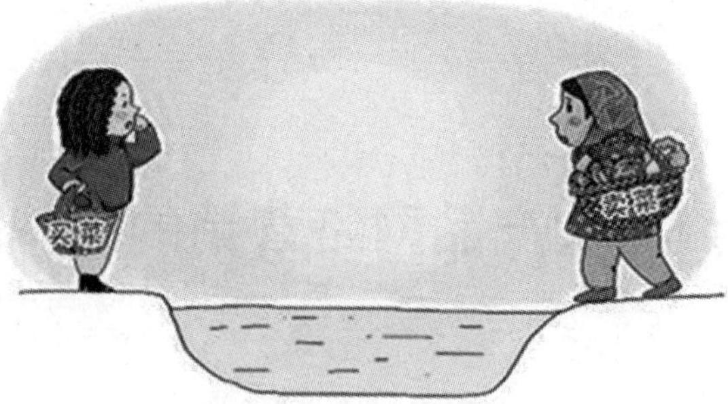

图 6-1 农产品流通不畅

农产品网络营销，又称为“鼠标＋大白菜”式营销，是农产品营销的新型模式。它主要是利用互联网开展农产品的营销活动，包括网上农产品市场调查、促销、交易洽谈、付款结算等活动。

(二)农产品营销品牌战略

1. 农产品品牌化的概念

农产品品牌化是农业生产者为满足消费者需要、培养消费者忠诚，用于农产品的差异化竞争而区别于其同类或相似的农产品或农业服务的名称、图案、象征或设计，是农产品或农业服务具有较高市场占有率、影响力和声誉的象征。

2. 农产品品牌化的作用

(1)降低农业企业产品推介成本。市场上农产品的品种繁多，竞争激烈，消费者被纷繁的信息所困扰，消费者陷入信息的爆炸式增长，对新信息有排斥情绪，给企业的产品推介带来困难，可以用品牌将农业企业和产品信息打包呈现给消费者，用品牌去促使消费者关注产品。

(2)促进农业企业利润增长。消费者对优质农产品的需求旺盛，只是苦于不能分辨农产品质量的优劣，受农业技术水平及自然条件的限制，品牌农产品长期处于供不应求的状态。供不应求状态越明显，企业利润越大，通过建设品牌，发挥品牌价值的功能，使农业企业可以获得更高的利润。

(3)增加农户收入。品牌化的农产品具有更高的知名度和附加值，可以促进当地农民增加收入。例如阳澄湖大闸蟹的品牌效应，使阳澄湖当地的螃蟹与其他地区的螃蟹相比就具有了更高的利润空间，从而增加农户收入。

3. 如何有效地实行品牌化

(1)品质的独特性。农产品多以入口的食品形式出现，而农产品的同质性也比较突出，所以，农产品的品牌运作首先要在农产品的“特”字上做文章，通过农产品的差异化凸现与众不同。

(2)质量的稳定性。质量是农产品的生命线,是农产品创品牌的根本。在实施农产品品牌战略过程中,按标准组织生产管理,是提高农产品质量,保证农产品安全最有效的措施和手段,是打造品牌的基石。由于很多农产品企业采用的是公司+农户的运营模式,虽然扩大了农产品的生产规模,但管理的不力致使农产品的质量并不稳定,造成数量与质量之间的矛盾。因此,农产品企业要坚持做到质量有标准,生产有规程,产品有标志,市场有监测。

(3)消费的区域性。一方水土养一方人。因地理位置、气候、土质和水质的差异性等,造成农产品本身品质、口感等方面的差异,加之传统社会物流运输条件的有限性,使农产品的销售和消费具有明显的区域性;并且,传统社会农产品品牌的传播方法多以口碑相传,其传播范围自然很有限。作为食用物品,如果没有亲身的体验,很难产生消费欲望。消费者的消费体验是产品品牌传播的依据,也是消费习惯养成的基础。所以,农产品品牌的传播除具有口碑性、区域性之外,还具有明显的由近及远的传播特点。现代社会,虽然大众传媒和因特网可以使品牌传播的范围更广、速度更快,但要改变消费者的习惯却非朝夕之功。

(4)包装的层次性。装在众多因素的作用下已成为一项重要的产品营销工具。农产品营销更是如此,好的包装能够引起消费者对企业或其品牌的立即确认,许多企业已认识到了包装的这一重大作用。但由于农产品企业就业人员整体素质有限,人才比较匮乏,致使很多农产品的包装设计和管理还处于较低的水平,很多农产品的包装还不能成为品牌增值的有效手段,甚至经常出现"一流品质三流包装"的尴尬局面,直接影响了品牌的推广。因此,农产品企业一方面应通过吸纳人才,另一方面要善于同高水准的专业包装设计机构合作,促进企业包装管理水平的整体提升。

(5)技术的创新性。质量是品牌的生命,是竞争力的源泉,但是只有依靠科技进步提高农产品加工中的科技含量和附加值,才能从总体上改变农产品竞争力低下的状况。实施农产品品牌战略,必须走"科技兴农"道路。加强农产品产后技术的研究与开发,加强农产品产后相关技术,特别是农产品的采收、包装、储藏、运输和加工技术的研究与开发,通过农产品的精加工,提高农产品的科技含量和附加值,从而增加农业生产的品牌收益,提高农业综合效益和市场竞争力,做精品农业。

(6)政策的敏感性。国家相关农业政策的制定具有较强的方向性和专业性,为了促进农业企业的科技创新,促进农业产业优化,国家对很多农业企业尤其是地方龙头企业实施项目资金扶持政策。项目申报工作的目标资金来源主要包括国家、省、市、区等各级农业、科技对口专项资金。农业企业要善于立项，作好与之相匹配的基础性工作，通过承担项目促进企业科研的创新，同时以科研成果的转化推广提升企业的品牌实力。

(7)认证的必要性。无公害食品是保障国民食品安全的基准线，绿色食品是有中国特色的安全、环保食品，有机食品是国际上公认的安全、环保、健康食品。随着消费者健康消费观念的增强，三者都以鲜明的形象和品质越来越受到消费者欢迎。而目前我国已经形成无公害农产品、绿色农产品、有机农产品三个层次相互拉动、相互支持、并在一定条件下相互转化的条件。开展无公害农产品、绿色食品和有机农产品认证，是农业品牌化工作的重要内容。

(8)渠道的借力性。由于农业投资回报率低、投资回报周期长，农产品自身附加值低，致使大量资本不愿或很少投入农业运营。加上很多农业企业规模普遍不大，主要靠滚动发展，销售造血功能有限，流动资金不足，这种情况下，要想做好农产品的品牌运营工作，借势建网扩大销售就显得尤为重要。在这一过程中，企业要善于借助中间商的力量和资源向终端渗透，通过与中间商的合作熟知农产品终端推广运营的每一环节。

(9)流通的实效性。农产品不同于一般工业品，其贮存、保鲜问题一直是很多农企在流通环节必须认真考虑的问题。许多农产品销售的季节性很强，出产季节卖不完，往往贱卖甚至烂掉，而过了这一季又不出产了。受此限制，使得农产品市场流通的均衡性较差。这一问题解决不好，其一方面将直接影响农产品的上市质量，另一方面它将大大增加流通损耗和管理成本，给企业的品牌发展带来较大的风险。

(10)传播的整合性。增加对品牌产品的宣传投入，塑造品牌形象，打响知名品牌是农产品品牌运营的关键一环。因此，农业企业要善于利用媒体广告以及博览会、招商会、网络营销、专题报道、展销会和公共关系等多种促销手段，进行品牌的整合传播，提高公众对品牌形象的认知度和美誉度，做强做大农业品牌。

二、打造农产品的网上店铺

(一)如何建农产品网上店铺

百货类网上商城，如京东商城、一号店、当当网、卓越网等。这些网上商城均经营粮油干货等食品，但是对供货商设置了资金门槛、授权资质，同时对经营品种也有规定。一般而言，这些网站并不接受与个体农户合作，农业企业也需要缴纳保证金和平台使用费。

自建电子商务网站，专门宣传和销售本单位产品。如大平粮油、和威集团、华卫禽业、益益乳业、雁湖面粉、庆发柳编、天方茶业等农业企业网站，具有网上交易和网上结算功能。这种方式投入较大，要承担网站制作费和每年的维护费，多适用于有实力的农业企业。

电子商务交易平台，如淘宝网、阿里巴巴等运作成熟的电子商务交易平台。两者同属阿里巴巴集团，其中淘宝网针对个人零售消费。阿里巴巴是商家和商家的交易批发平台。目前，淘宝网是国内最大的网络零售商圈，只要实名认证，开店零门槛，因此是个体商户选择最多的网销方式。

比较三种农产品网销途径，不难看出，“淘宝”门槛低 开店不收费．如果普通农户想拓宽销售渠道，在“淘宝网”上开网店是最适宜的方式。

(二)建立农产品网上店铺的注意事项

虽然开店没有门槛，但是卖家如若经营特殊商品，必须得申请特种经营资质，食品和酒就属于特殊商品，必须要加入食品特种经营资质。需要卖家上传《食品流通许可证》《食品生产许可证》或者《食品卫生许可证》其中一项的正本照片。《食品流通许可证》是在当地工商局申请办理；《食品生产许可证》则要联系当地质量技术监督局。上传证件后，淘宝网会进行真实性审核。如果日后卖家在销售过程中出现食品质量问题，将被撤销特种经营资质，不能从事食品销售。

三、农产品网上店铺的品牌战略营销

1．立足识别性

好的品牌自然是要把识别性作为基础，比如“咯咯哒”就是一成功的例子。作为母鸡下蛋之后的一种叫声是广为人知的，把它塑造为鸡蛋品牌具有非常明显的识别意义。不仅指向性强，而且难以忘记，在产品包装及广告创意与设计方面，都容易达到上乘效果。在品牌林立的时代，这一品牌又难于模仿，很难找到合适的语汇与之相靠近，从而实现了品牌的独占性，总体上“咯咯哒”这一品牌的创设可谓匠心独运，登上了品牌设计的制高点。

2．发展传播性

为了增强传播效果，就要求品牌本身上口性强，好认好读好记。在我国，不同于西方国家的字母文字，汉字的字面或字里行间都是有特别的意义，可以形成及影响人们的感觉。对于产品而言，一个清晰自然口语化的品牌表达方式，往往会更受欢迎，比如“老干妈”(辣椒制品)、“干一杯”(酒)等。另外品牌本身运用字数的多少也是需要注意，一般来说，一个字容易记但难以表达具体意义，两个字是常规方式，但又易走向雷同，不容易获得差异效果，而三个或四个字恰是目前一种备受关注的品牌选择，表达意义清晰完整，容易走出一条比较鲜明的路子来。

3. 突出价值性

以乳品为例，来自于草原自然更容易受欢迎，而内蒙古的奶牛在人们心目中则往往被视为更正宗，那种蓝天白云宽阔的牧场代表了一种美及人们对美好生活的畅想。"蒙牛"作为乳制品行业上升飞快的一个品牌，其成功的品牌设计令消费者体会到内蒙古大草原的味道，产品品质自然溢出；短短两个字，激发人们的美好联想，所以这是一个创造了很强价值感的一个品牌。

【任务实施】自建农产品网上店铺

自建农产品网上店铺，在淘宝网上开个店是最便捷的选择。卖家要实现在淘宝电商平台上卖出自己的货品，通常要完成淘宝账户申请，开店申请，开店信息确认，发布宝贝，卖家发货，完成评价，提取货款等操作。

第一步　开店准备

(1)硬件设施：电脑一台，笔记本电脑、台式电脑均可，并可以上互联网。对电脑配置没有要求。当然，电脑配置越高、操作越快。

(2)自身必须年满18周岁，并且有二代身份证，在工商、建设或者农业银行(推荐这三个银行是因为这三个银行开网店的操作程序最简单、好操作、安全系数较高)办理一张银行储蓄卡，也就是我们平时说的"银行卡"(非信用卡，信用卡不能开店)并且开通了网银。

(3)属于自己的一部手机并能够正常通话状态(是为了你注册淘宝、安装一些淘宝必要的辅助组件时作为接收验证码来用)。

(4)非常清晰的自己身份证正反面照片(电子版)，如果自己没有照相机，建议去照相馆拍照或者扫描，手机拍照、电脑摄像头拍照的不行，清晰度见图6-2：

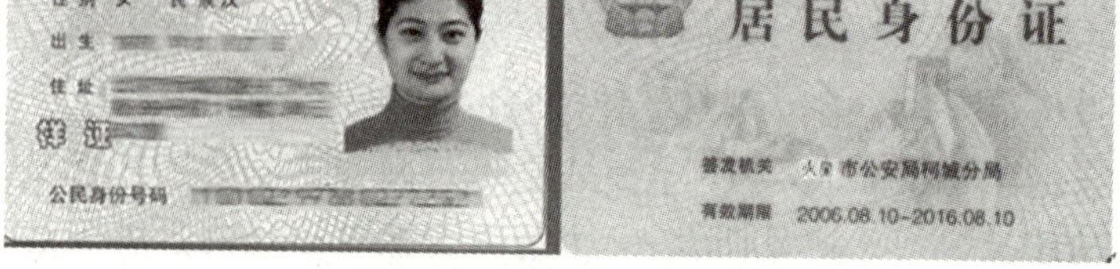

图6-2　身份证正反面照片

(5)非常清晰的自己上半身照以及自己上半身照手持身份证正面的照片。

图 6-3　本人手持身份证照片

(6)注意，文字上面这两张照片要求图片背景一致、并且手持身份证的照片，必须能够看清身份证上的文字，放大后，要求与第 4 点身份证正面照片清晰度一致或者接近。

第二步　开店前注册淘宝的会员名和支付宝

打开 http://www.taobao.com 点击左上角的免费注册按钮，见图 6-4：

图 6-4　打开淘宝网址进行免费注册

点击免费注册后，弹出填写账户信息窗口，分项填写账户信息，见图 6-5。

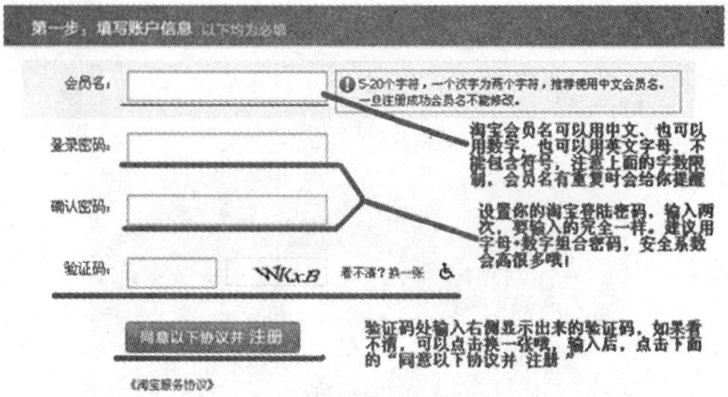

图 6-5　填写账户信息

点击“同意一下协议并注册以后，会出来下图 6-6：

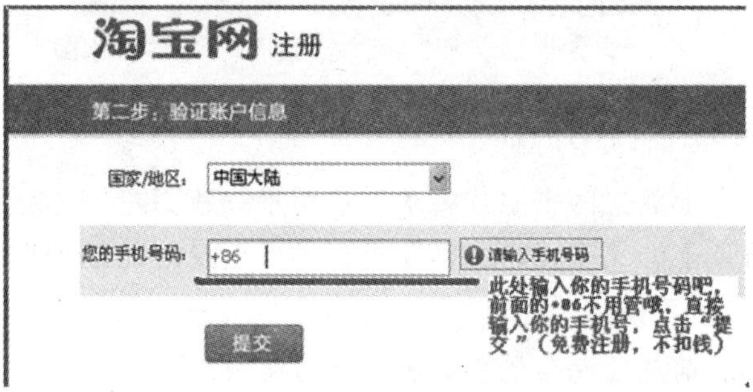

图 6-6　验证账户信息

点击提交后，会出现如下图 6-7：

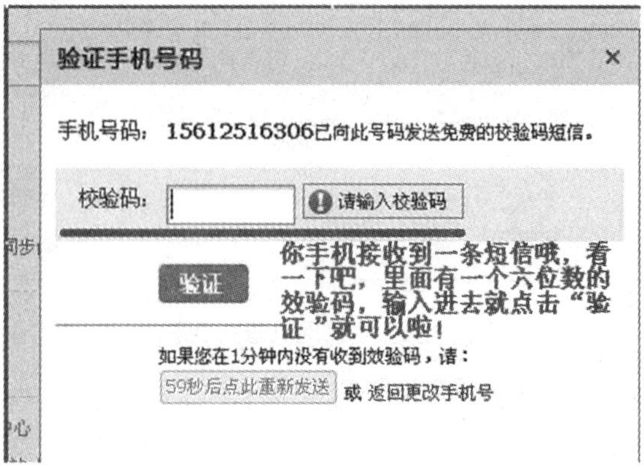

图 6-7　验证手机号码

图 6-8　注册成功

注意：你的淘宝会员名，就是你自己取的那个名字，你的支付宝账户，就是你的手机号！

第三步　支付宝实名认证的方法和步骤

登录你的淘宝网会员名，并点击卖家中心，见图 6-9：

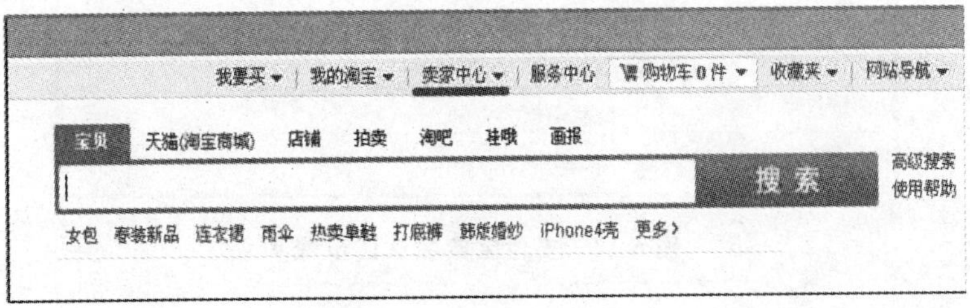

图 6-9　支付宝实名认证步骤 1

点击卖家中心后，会出来以下界面，见图 6-10：

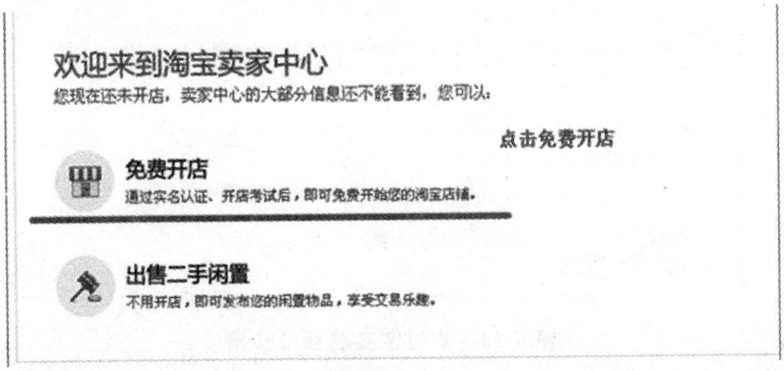

图 6-10　支付宝实名认证步骤 2

点击免费开店后，出现以下界面(图 6-11)：

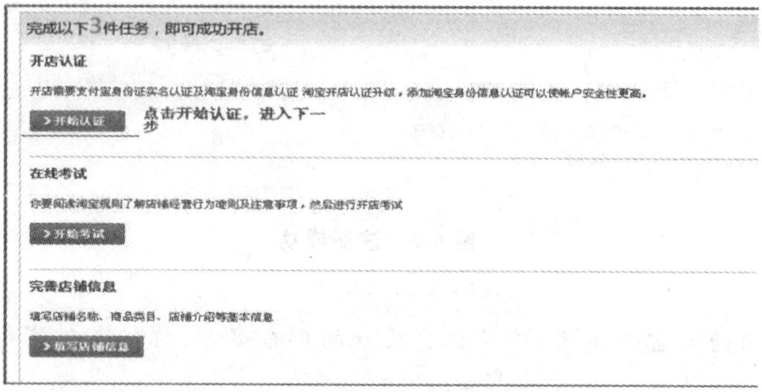

图 6-11　支付宝实名认证步骤 3

点击开始认证后，出现如下界面(图 6-12)：

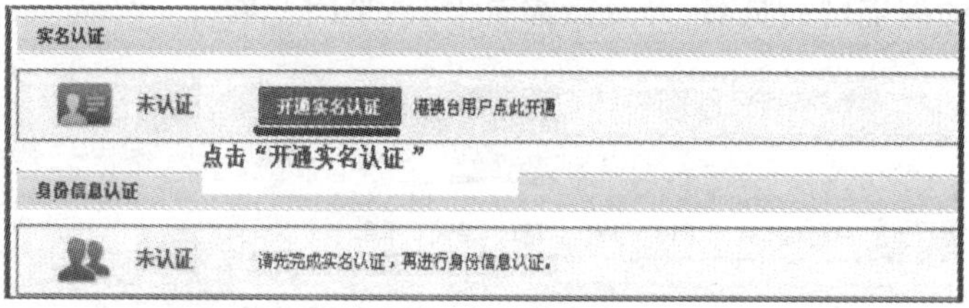

图 6-12　支付宝实名认证步骤 4

点击“开通实名认证”后出现图 6-13：

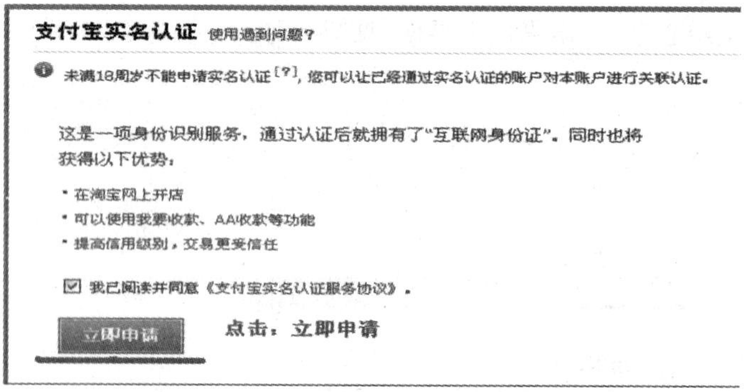

图 6-13　支付宝实名认证步骤 5

点“立即申请”后，出现图 6-14。

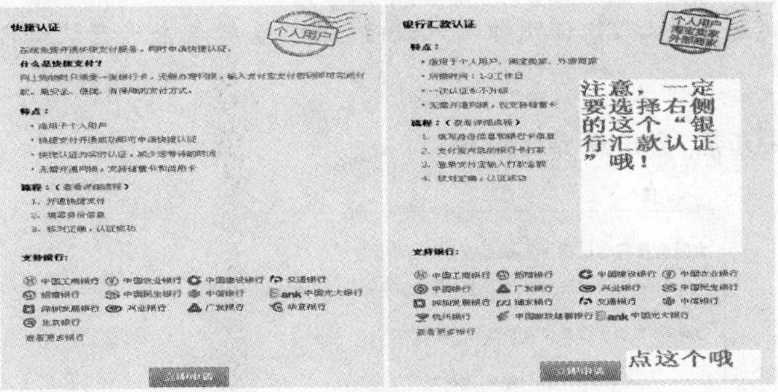

图 6-14　支付宝实名认证步骤 6

点击立即申请后，出现如下界面图 6-15、图 6-16：

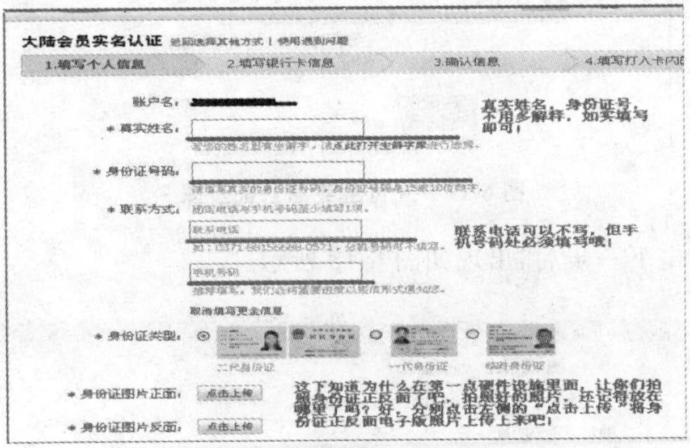

图 6-15　支付宝实名认证步骤 7

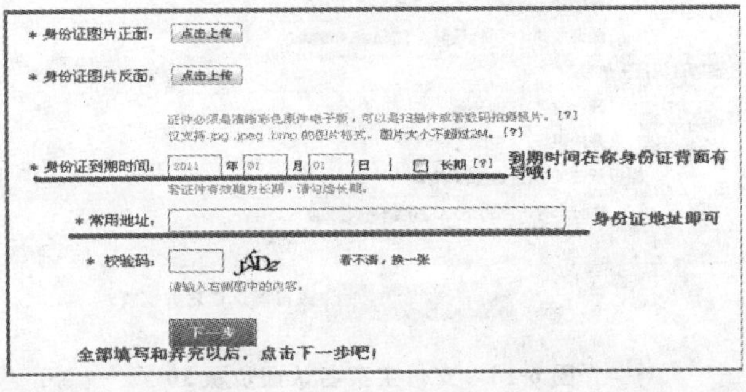

图 6-16　支付宝实名认证步骤 8

注意：要迅速填写，时间不能超过100秒，否则会提示你请不要重复提交请求，只要出现这几个字，就证明你输入过慢导致，重新点击进行认证即可！

点击下一步后，会出现界面图6-17：

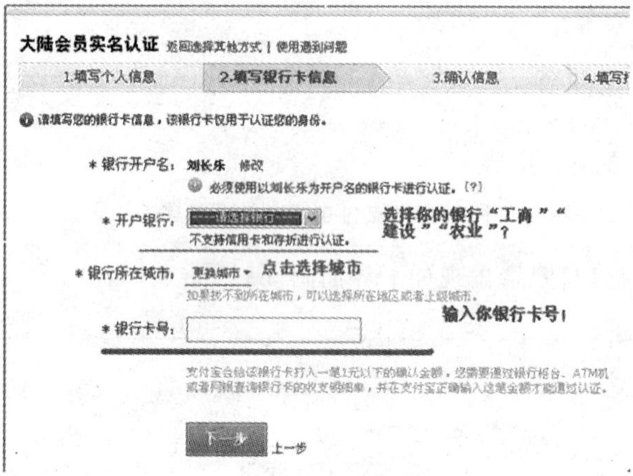

图 6-17　支付宝实名认证步骤 9

输入完，点击下一步后，出现如图6-18所示。

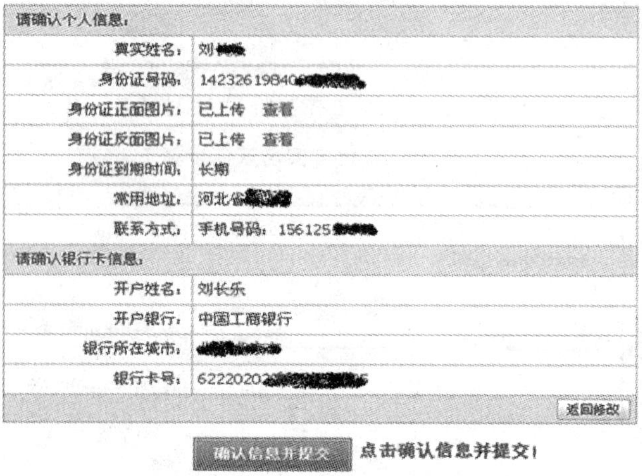

图 6-18　支付宝实名认证步骤 10

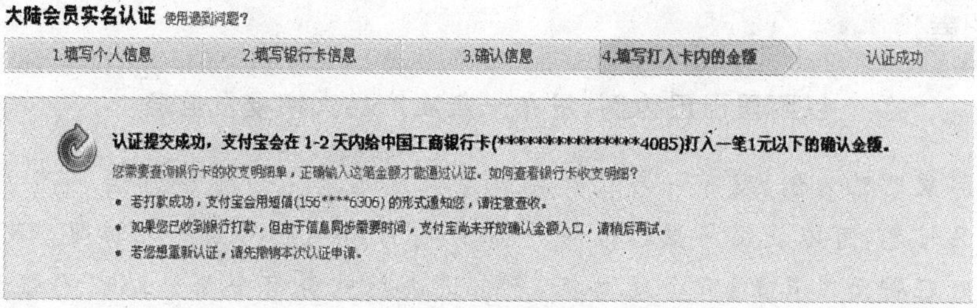

图 6-19　支付宝实名认证步骤 11

支付宝公司，在1～2天内，会给你的银行卡打入一笔钱，其金额肯定在1元以下但不能确定具体是多少，如果给你银行打款成功，支付宝会给你手机发短信通知你，让你登录你的网银查看，登录网银后，点击查看账户明细，选择日期-往前推两天。其中，你会发现有一笔收入金额，在1元以下的，备注是支付宝，记住金额(如0.12、0.36等等)然后登录淘宝网，同样点击卖家中心、免费开店、开店认证、开通实名认证(注意：此时会出现让你输入打款金额，将支付宝给你的打款金额，正确的输入到框框里面，点击提交确认，如果你输入的金额正确，网银认证就通过啦!)。

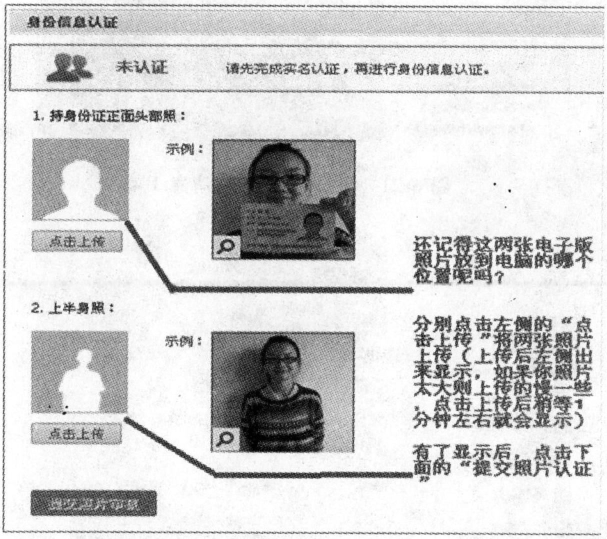

图 6-20　支付宝实名认证步骤 12

等待1～2个工作日，淘宝官方小二审核通过完毕，支付宝的整个实名认证过程就完毕啦！就拥有了属于你自己的淘宝网店铺啦！赶快行动吧！

【任务拓展】

以阿里巴巴为例，发布一条农产品大宗批发信息

以阿里巴巴为例，发布一条农产品大宗批发信息。如图 6-21 至图 6-23 所示。发布产品信息，可以使用阿里巴巴网页后台，也可以使用阿里商机助理。阿里商机助理在旺旺聊天工具上，有个发商机，点击进去后就会有个商机助理的版面，里面有个“新建”图标，点击进去显示页面为“发布供应产品”，点击进去，会有个选择适当的类目，输入你的产品关键词，选择正确的类目，也可以自己手动输入类目，确定类目后就可以进去到填写产品详细信息的版面。

图 6-21 阿里巴巴发布消息 1

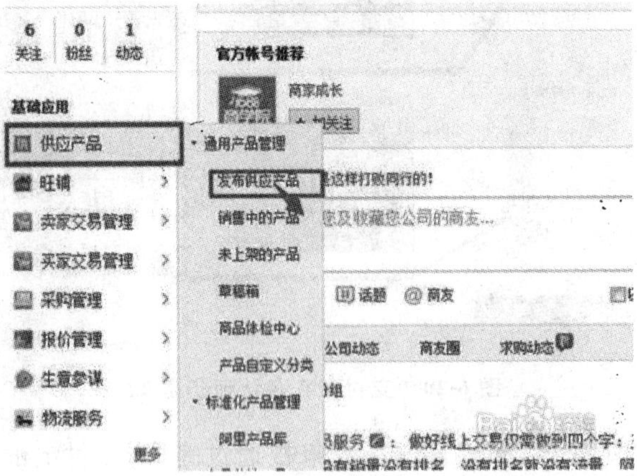

图 6-22 阿里巴巴发布消息 2

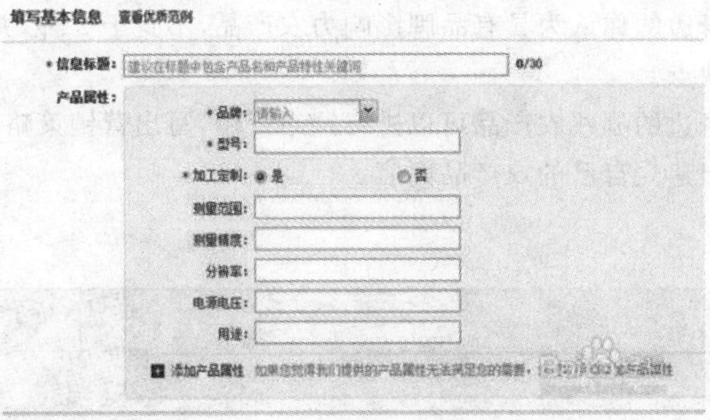

图 6-23　阿里巴巴发布消息 3

注意要点:

(1)正确的类目。我们在发布资料的时候需要把它放在最正确的类目下,系统会为我们推荐一个产品的类目,但是还是需要自己分析是否符合自己的产品。

(2)完整的属性。产品有特定的属性,系统有注明"*"的属性是必须填的,但是没有注明的能够填上的就一定要填上,这个关于客户搜索一个产品的时候系统为其推荐的条件。

(3)产品标题关键词描述。产品标题也就是产品的关键词,这个是极其重要的,一个客户寻找一款产品,最为直观的就是用关键词搜索,而这一个就显示在产品的标题,但是关键词也不能堆砌,一条产品只有一个关键词。

(4)产品图片。现在不管是付费还是免费的阿里账户,都能够上传 3 张图片,这 3 张图片更好的显示你要销售的产品。

(5)产品详细内容。这个部分,其实是对产品的补充。在产品图片那里,只有 3 张图片,这个显然是不够的,要让客户了解你的产品,就必须从产品各个方面详细的图片介绍,客户没有见到实际样品时,只能通过你网站上的图片来了解这款产品。另外,这也是产品的说明,把你能够想到的,能够表达的产品文字都写在这里,从产品的尺寸,功能,外观等等为你的产品做下详细的介绍。

(6)交易方式。建议最好使用支付宝担保交易方式,能让客户对你更为放心。

(7)阿里建议。在每一条发布的信息里,阿里都会给出一个建议,建议有需要修改的地方,可以根据阿里的建议进行修改。

【任务巩固】

1.找出你身边的你认为具有品牌影响力农产品,不少于2种,并分析其品牌营销中存在的优缺点。

2.思考你身边的哪些农产品可以进行网络营销,写出营销策略。

3.在网络上建立自己的农产品网店。

【任务评价】

项目名称		姓名		班级	
评价指标	自我评价	小组评价	学习体会		
了解农产品品牌战略的重要意义					
掌握有效实行农产品品牌化					
掌握在网上开店铺的基本流程和知识					
学会在网络上建立自己的农产品网店					
综合评价					

任务二 农产品的网络广告策略

【任务目标】

网络广告的本质是向互联网用户传递营销信息的一种手段,是对用户注意力资源的合理利用。网络广告具有显著的品牌推广价值。企业在品牌建立过程中,通过客户间的相互交流将自己的产品信息或者品牌传播开来的口碑营销正在发挥着巨大的市场威力。

完成本学习任务后,你应该能

- 了解网络广告对农产品网络营销的重要性
- 掌握网络广告策略的运用
- 掌握口碑营销成功技巧
- 能够利用网络广告进行农产品营销

【知识准备】

一、网络广告的认知

(一)网络广告的概念

网络广告就是在网络上做的广告。通过网络广告投放平台来利用网站上的广告横幅、文本链接、多媒体的方法，在互联网刊登或发布广告，通过网络传递到互联网用户的一种高科技广告运作方式。

(二)网络广告与传统广告的区别

(1)覆盖面广。可以通过国际互联网络把广告信息全天候、24小时不间断地传播到世界各地，不受地域限制，也不受时间限制。

(2)自主性。网络广告则属于按需广告，它可让你自由查询，将你要找的资讯集中呈现给你，这样就节省了你的时间，避免无效的被动的注意力集中。

(3)统计准确性。能准确地知道有多少人接收到广告信息。

(4)调整实时性。在传统媒体上做广告发版后很难更改，即使可改动也须付出一定的资金和浪费不少时间。而在Internet上投放的广告能按照需要及时变更广告内容，因而，经营策略可以及时调整和实施。

(5)交互性和感官性。网络广告的载体基本上是多媒体、超文本格式文件，只要受众对某样产品感兴趣，仅需轻按鼠标就能进一步了解更多、更为详细、生动的信息，从而使消费者能亲身“体验”产品、服务与品牌。

(三)网络广告对农产品网络营销的重要性

(1)品牌推广。网络广告最主要的效果之一就表现在对企业品牌价值的提升，这也说明了为什么用户浏览而没有点击网络广告同样会在一定时期内产生效果，在所有的网络营销方法中，网络广告的品牌推广价值最为显著。

(2)网站推广。网络广告对于网站推广的作用非常明显，通常出现在网络广告中的“点击这里”按钮就是对网站推广最好的支持，用户对于网络广告的每次点击，都意味着为网站带来了访问量的增加。因此，常见的网络广告形式对于网站推广都具有明显的效果，尤其是关键词广告、Banner广告、电子邮件广告等。

(3)销售促进。用户由于受到各种形式的网络广告吸引而获取产品信息，已成为影响用户购买行为的因素之一，尤其当网络广告与企业网站、网上商店等网络营销手段相结合时，这种产品促销活动的效果更为显著。

(4)在线调研。网络广告对于在线调研的价值可以表现在多个方面，如对消费者行为的研究、对于在线调查问卷的推广、对于各种网络广告形式和广告效果的测试、用户对于新产品的看法等。通过专业服务商的邮件列表开展在线调查，可以迅速获得特定用户群体的反馈信息，大大提高了市场调查的效率。

(5)顾客关系。网络广告所具有的对用户行为的跟踪分析功能为深入了解用户的需求和购买特点提供了必要的信息，这种信息不仅成为网上调研内容的组成部分，也为建立和改善顾客关系提供了必要条件。网络广告对顾客关系的改善也促进了品牌忠诚度的提高。

(6)信息发布。网络广告是向用户传递信息的一种手段，因此可以理解为信息发布的一种方式，通过网络广告投放，不仅可以将信息发布在自己的网站上，也可以发布在用户数量更多、用户定位程度更高的网站，或者直接通过电子邮件发送给目标用户，从而获得更多用户的注意，大大增强了网络营销的信息发布功能。

二、网络广告的运用

网络营销方法也都可以理解为网络广告的具体表现形式，并不仅仅限于放置在网页上的各种规格的Banner广告，如电子邮件广告、搜索引擎关键词广告、搜索固定排名、即时通信营销，病毒式营销、博客营销等都可以理解为网络广告的表现形式。无论以什么形式出现，网络广告所具有的本质特征是相同的：网络广告的本质是向互联网用户传递营销信息的一种手段，是对用户注意力资源的合理利用。目前网络广告的主要形式有：

(1)横幅式广告(Banner)又名“旗帜广告”，最常用的广告尺寸是486×60(或80)像素，定位在网页中，大多用来表现广告内容。

(2)按钮式广告(Buttons)最常用的按钮广告尺寸有四种，分别是：125×125、120×90、120×60、88×31像素，定位在网页中，尺寸偏小表现手法较简单。

(3)邮件列表广告(Direct Marketing)，利用网站电子刊物服务中的电子邮件列表，将广告加在每天读者所订阅的刊物中发放给相应的邮箱所属人。

(4)墙纸式广告(Wallpaper)把广告主所要表现的广告内容体现在墙纸上，并安排放在具有墙纸内容的网站上，以供感兴趣的人进行下载。

(5)电子邮件式广告(E-Mail)广告形式以Banner为主，广告体现在拥有免费电子邮件服务的网站上，广告会出现在个人邮箱的主页上。

(6)竞赛和推广式广告(Contests & Promotions)，广告主可以与网站一起合办他们认为感兴趣的网上竞赛或网上推广活动。

(7)插页式广告(Interstitial Ads)又名“弹跳广告”，广告主选择自己喜欢的网站或栏目，在该网站或栏目出现之前插入一个新窗口显示广告“迎客广告”。还有是在网友欣赏内容时间段反复弹出广告(常用于在线电影,音乐欣赏网站),以及离开时的"送客广告"。

(8)互动游戏式广告(Interactive Games),在一段页面游戏开始、中间、结束的时候,广告都可随时出现,并且可以根据广告主的产品要求,为之量身定做一个属于自己产品的互动游戏广告。

(9)文字广告,又叫文字衔接,常见固定位置衔接,例如:本站1元出售手机!(然后做个地址衔接);文字自动刷新广告,不同的时候浏览该网站同一个位置出现不同的广告衔接信息。

(10)漂浮广告,在网页上下左右不断飘动的图片广告。

三、口碑营销

(一)口碑营销的内涵

口碑营销是指企业在品牌建立过程中,通过客户间的相互交流将自己的产品信息或者品牌传播开来。

(二)口碑营销的成功技巧

让每一位顾客都能传颂自己生意上的"美德",是企业经营者梦寐以求的。但口碑的形成,是否都是纯属意外,完全是碰运气、自发发生的呢?麦肯锡公司驻伦敦管理营销专家热内·黛(Renee Dye)和她的同事们在研究分析50个销售案例后发现,口碑广告制造爆炸性需求,绝不是意外和巧合,而是有几个规律可循。企业完全可以通过分析消费者之间的相互作用和相互影响来预见口碑广告的传播,使其网络化、知识化、全球化,这需要我们的营销付出极大的智慧。

1.广告朗朗上口

为了更有效地利用口碑,一切营销活动都应该针对这些更愿意传播这类产品的群体,在这些群体中首先传播这些群体最关注的信息。热内·黛建议营销专家注意两条标准:一是产品要有某种独特性,外观、功能、用途、价格等等;二是产品要有适合做口碑广告的潜力,将广告变得朗朗上口。

2.顾客体验

在戴尔公司总部每间办公室的留言板上都写着一句口号:"顾客体验:把握它"。所谓顾客体验,"它是顾客跟企业产品、人员和流程互动的总和"。也就是让顾客置身于生产制造的全过程,或者让顾客切身享受消费的乐趣,从而形成"以自己希望的价格,在自己希望的时间,以自己希望的方式,得到自己想要的东西"的强烈消费欲望,戴尔公司甚至认为"顾客体验是竞争的下一个战场"。

辉瑞制药的"万艾可"没有太多的广告投入，但却能在很短时间内风行全球，重要的一点就是借助顾客的体验式消费，使人们对这一产品正面、负面、优点、缺点等的议论和争执，几乎成为每个国家街谈巷议的焦点，"万艾可"这一"蓝色小药丸"就在人们的口碑下成为全世界皆知的产品。体验式消费所带来的感受是深刻难忘的。正由于此，越来越多的产品选择了体验式消费，运用这种古老而又神奇的营销方式引导企业在营销中走得更稳，走得更远。

3. 品牌推荐

让优秀的品牌推荐一些尚未建立良好美誉度的品牌，会收到意想不到的效果。迈克·乔丹和泰格·伍兹在耐克产品广告中频频露面，使耐克成为世界名牌；无独有偶，在第23届奥运会上，喝着健力宝的中国女排轻取"东洋魔女"后，又以秋风扫落叶之势挫败了美国女排，登上世界冠军的宝座，健力宝也随之一举成名。

对于一个新产品来说，知名品牌的推荐，无疑会帮助消除消费者心头的疑虑。如纽特威产品开始出现在市场上时，需要让顾客相信该产品不会有余味，而且十分安全。第一点很容易证明，只要让顾客做无风险品尝即可。但要让顾客相信第二点就比较困难。纽特威产品是安全的，这种品质特性，只有长期使用才能验证。当可口可乐、百事可乐及其他品牌推出含纽特威低糖的产品，无形中支持了其说法，"纽特威是糖安全替代品"也由此盛传开来。

可以设想，如果某一品牌的汽车发动机，被奔驰、丰田、宝马等品牌联合推荐说，它们的汽车使用的发动机就是某一品牌，我们可以断言：全世界的用户都会放心大胆地使用，这一品牌面对的将会是供不应求。

4. 传播故事

故事是传播声誉的有效工具，因为它们的传播带着情感。一跨进新世纪，意大利皮鞋"法雷诺"就悄然登录中国市场，而为国内影视明星、成功男士、政界名流等中高档消费群体所钟情的，不只是"法雷诺"皮鞋款式新颖、做工精细、用材考究，尽显成功自信、尊贵不凡的男人风范，还有着一个充满传奇色彩的神话故事。

公元1189年，神圣罗马帝国皇帝腓特烈一世和英、法两国国王率领第3次"十字军"出征，前往耶路撒冷。行至阿尔卑斯山附近时，天气突变，风雪大作，"十字军"脚冻得寸步难行。情急之下，罗马骑士FARINO(法雷诺)让其他人把随身的皮革裹在脚上，继续前进。意大利北部城市一家有名的皮鞋制造商，为纪念法雷诺将军的这段趣事，将自己生产的最高档皮鞋命名为"法雷诺"。"法雷诺"的美名由此流传开来。美丽而隽永的传说总是能使你的产品让人过目不忘。

5. 注意细节

影响消费者口碑的，有时不是产品的主体，而是一些不太引人注目的“零部件”等，如西服的纽扣、家电的按钮、维修服务的一句话等等，这些“微不足道”的错误，却能够引起消费者的反感。更重要的这些反感，品牌企业却不易听到，难以迅速彻底改进，往往是销量大幅减少，却不知道根源究竟在哪里。据专业市场研究公司调查得出的结论，只有4%的不满顾客会对厂商提出他们的抱怨，但是却有80%的不满顾客会对自己的朋友和亲属谈起某次不愉快的经历。

在纽约梅瑞公司的购物大厅，设有一个很大的咨询台。这个咨询台的主要职能是为来公司没购到物的顾客服务的。如果哪位顾客到梅瑞公司没有买到自己想要买的商品，咨询台的服务员就会指引你去另一家有这种商品的商店去购买。梅瑞公司的做法，本不足道，但却是看得见、摸得着的“细节”，被人们津津乐道，对它的记忆也极为深刻。不仅赢得竞争对手的信任和敬佩，而且使顾客对梅瑞公司产生了亲近感，每当购物时总是往梅瑞公司跑，慕名而来的顾客也不断增多，梅瑞公司因此而生意兴隆。

6. 服务周到

一个来自海尔的感人故事：福州的一位用户给青岛总部打电话，希望海尔能在半月内派人来修好他家的冰箱。不料第二天维修人员就赶到他家，用户不敢相信，一问方知维修人员是连夜乘飞机赶到的。用户感动了，在维修单上写下了这样的话：“我要告诉所有的人，我买的是海尔冰箱。”乘飞机修冰箱，从单纯的效益角度来看，来回的差旅费与冰箱售价相差无几，有点得不偿失；但从企业形象角度来看，它能为海尔赢得良好口碑，可为企业引来潜在顾客。

【任务实施】实施网络口碑营销广告策略

我们一起探索利用网络实施网络口碑营销的广告策略。以“俞三男”状元蟹，10万蟹券换来千万销售额为案例。

第一步　挖掘产品的独特性

在营销环节，一定要把这个好产品的真正独特点挖掘出来，最表层的就是色香味形，再往深里走就是背后的人、背后的文化。

第二步　产品独特性的内容化

“俞三男”状元蟹原名为“金澄牌大闸蟹”。金澄意为金色的阳澄湖。后被提议改名，理由有二，第一：俞三男是阳澄湖大闸蟹唯一的一个养蟹状元，当年阳澄湖大闸蟹协会颁了一个养蟹状元证书给他。第二，他是一个谈起螃蟹养殖就两眼发光的农人，有“星农人”潜质。金色的阳澄湖，不是个品牌，只是个名字，没人记得住。

但是叫俞三男状元蟹，将可能成为一个具有人格魅力的品牌(图 6-24)。

图 6-24 “俞三男”状元蟹

第三步 产品内容化后的事件化

关于营销部分，团队则提出了更精彩的提议：每年 9 月，各地高考状元都会进京，各大高校暗自较劲哪家抢到的状元最多，而此时也是媒体采访状元的高峰期。于是就提议，俞三男状元蟹要连续三年开“状元蟹宴”，进行相似点的链接。

俞三男毫不犹豫地拿出了 30 万蟹券作为营销费用。于是就利用媒体资源优势，邀请媒体参加蟹宴，并一起采访清华北大的三四十名状元。结果，各家媒体都做了大篇幅的报道，其中一家媒体做了六个完整版的宣传。于是，内容报道通过互联网变成了热门事件。

第四步 产品事件化后的口碑化

“状元蟹宴”通过互联网报道变成了热门事件后。俞三男火了，在北京就已经名声在外。那一年，他在地本的销售额就达到了 400 多万元，2014 年在线销售又翻了至少 3 倍，达到了 1 000 万元以上。

在社会化媒体和自媒体盛行的时代，把握好产品的口碑营销、借势营销是农业电商的第一秘诀。总结：产品必须要有独特性，把产品中很有意思的东西用内容化的方式表达出来。内容化最好能够事件化，如果产品好，事件化之后就是口碑化。树立起好的口碑，就有产品的品牌化，品牌提升价值！

【任务拓展】

一、在 QQ 空间发布广告

在 QQ 空间发布广告，关注产品销售量的增加情况。示例如图 6-25、图 6-26。

图 6-25　QQ 空间发布广告 1

图 6-26　QQ 空间发布广告 2

二、打造有机农场项目

小岩井农场位于日本岩手县，创立于于 1891 年，是日本最早，规模最大的，最具代表性的民营农场。1962 年起，农场开辟了 600 亩兴建 Makiba 园。每年接待游客 120 万人，为农场赢得了客观的收入。

农场分为以下六部分：①动物农场：包括牛馆和羊舍，可以观赏到各种家禽在自然怀抱中的憨态。同时增加动物学知识。②农具展览馆：陈设有各种各样新奇的农具。③山麓馆：观光园的开放广场的综合服务区，包括家庭餐厅、自助餐厅、商品等。④农场馆：每天定时的挤牛奶表演和定时看奶油的加工过程。⑤天文馆：成立天文爱好协会，定期举办天文观赏活动。⑥配套区：生态停车场＋列车旅馆，由废旧机车改装以成的列车旅馆深受年轻人欢迎。如图 6-27 至图 6-29。

图 6-27　打造有机农场 1

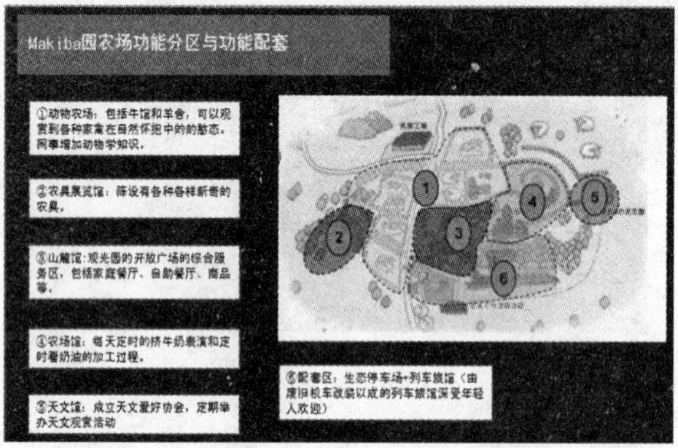

图 6-28　打造有机农场 2

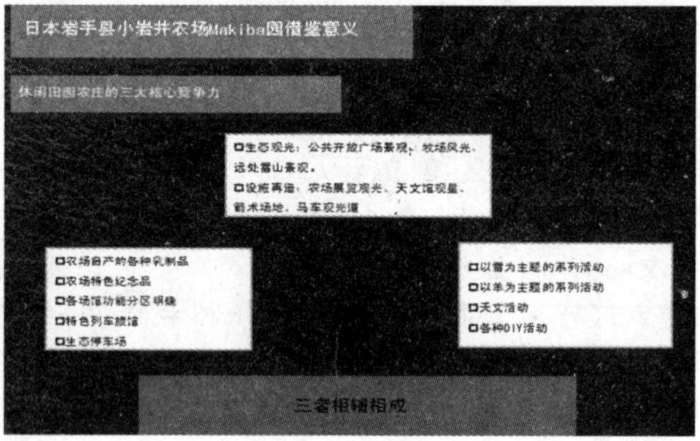

图 6-29　打造有机农场 3

三、借势营销案例:“甄的小米”,雷军“假小米”,我是真的!

图 6-30　“甄的小米”

前段时间雷军进军农业的新闻漫天飞,这件事的背后正是一次精心策划。“甄的小米”,意思就是雷军的小米是假的。谐音是真的,并且有甄选的意思。不仅在包装外形上模仿了手机小米,包装也做成了手机的形状,而且成功利用小米手机与魅族之间的一次“互掐”将“甄的小米”推上了风口浪尖(图 6-30)。

事情起因是如此:魅族当时宣布 11 月 19 号 14:30 分,有一款新的手机将发布。于是乎,小米手机也宣布将在 14:00,也就是魅族宣布上市的半个小时“小米将有大事件发生!”但却没有具体指明会发生什么事情。于是乎在 19 日当天的 13:00 发布了很像雷军的手机小米的这样一款“甄的小米”的盒装,并发布了一条微博——“小米进军大农业,新款亮相”。一时间,所有的人都在传播了“雷军进军农业了?!”很多人开始分析,雷军做农业成功的可能性以及他的优势。在很短的时间内几条微信,阅读量就达到了二十多万。“甄的小米”这个品牌一下子火了。2015 年 1 月 13 日,“任小米”发布,一句“2015 年新农业开局就是‘任甄的小米’”又是一次成功的关联营销,又让媒体好好做了一篇文章,品牌也成功做了宣传。

总结:这是营销中“取巧的玩法”——借势营销,利用大品牌的知名度借船出海。

【任务巩固】

1. 了解网络广告的主要形式,主要广告形式各列举三个你熟悉的品牌广告。

2. 列举一种通过网络广告营销成功的案例,并分析优缺点。

3.假如你是一种农产品企业主,你将如何通过网络广告进行营销。

【任务评价】

项目名称			姓名		班级	
评价指标	自我评价	小组评价	学习体会			
掌握网络广告的含义						
掌握网络广告策略的运用						
掌握口碑营销成功技巧						
能够利用网络广告进行农产品营销						
综合评价						

项目七　农产品网络营销的市场战略

任务一　扩充农产品视频营销模式

【任务目标】

了解和掌握中国网络视频行业处在一个全新的时代——三网融合。在三网融合的政策背景下，网络视频行业将面临哪些变革？企业的视频营销将如何创新？如何把握大视频营销的发展趋势？具体的任务目标：

完成本学习任务后，你应该能

- 知道视频营销的定义、特点及优势
- 掌握病毒性营销的定义、优缺点
- 掌握病毒性营销策略的基本要素
- 了解农产品、农业标准化

【知识准备】

近年来，随着互联网技术的飞速发展，网络营销也将成为未来企业进行推广的主要趋势，进而实现企业价值的最大化。说到网络营销，不得不提的就是其中之一的视频营销。它很好地将"互联网"和"视频"结合起来，是一种新兴的营销方法。

一、视频营销的定义、特点及优势

（一）视频营销的定义

视频营销是将各种视频短片以各种形式放到互联网上，达到一定宣传目的的营销手段。

(二)视频营销的特点

(1)形式新颖,竞争者少。

(2)传播速度快,用户体验度好。

(3)大大地减少了被复制性。

(三)视频营销的优势

1.让顾客很直观的了解你的产品

文字、图片、视频三种形式中,视频对人的视觉和大脑感官冲击力是最大的,所以一个内容价值高,观赏性强的视频,在让顾客全方位了解产品的同时,也会抓住顾客的心。

2.让搜索引擎快速收录你的视频

让搜索引擎快速收录你的视频,网站在前期收录是个问题,优化也要长期的时间操作,而视频网站的权重是很高的。

3.快速获取精准的高流量

相同关键词的搜索,视频都是排在网站前面,通过视频可以获取很大的流量,由于访客是有需求从而主动去搜索的,所以都是精准流量。

4.真正的病毒式营销

当你做好一个视频上传到各大视频网站,其余的根本不用去操心管理,就会有成千上万的人主动去搜索,它每天24小时不间断为你提供宣传、服务,其传播速度和影响力大于任何一种营销方式。

5.大大提高转化率

任何人买东西都会货比三家,当他观看并认可了你的视频后,才会主动进入你的网站或直接加你QQ了解,从而大大提高转化率。

6.差异化的营销方式

其他的营销方式比如:SEO优化、论坛、博客、微信、百度推广等,这些营销方式几乎人人都会,但是利用视频营销的人就很少了,所以可以利用这样的信息差打差异战,让你的网站在茫茫人网海中脱颖而出,从而迅猛的铺满互联网的每个角落。

7.更好地保护版权和利益

文章、图片,甚至网站都可以轻易地被复制,而视频就不同了,在视频上打上网站信息,并且在操作编辑时不间断地插入你的联系方式,出现你的网站等等,别人就很难复制了。

二、病毒性营销的定义、优缺点及病毒性营销策略的基本要素

(一)病毒性营销的定义

病毒性营销(也可称为病毒式营销)是一种常用的网络营销方法,常用于进行网站推广、品牌推广等,病毒性营销利用的是用户口碑传播的原理,在互联网上,这种"口碑传播"更为方便,可以像病毒一样迅速蔓延,因此病毒性营销(病毒式营销)成为一种高效的信息传播方式。

(二)病毒性营销的优点

(1)费用低廉。利用互联网便利的互动传播特性,制定一套合理的营销方案与传播亮点(能吸引大众进行口碑传播的亮点),并借用诸如"门户网论坛、E-mail、QQ"等形式,让信息广泛传播开来。如果运作恰当,甚至是不花一分钱宣传费,就能传播数百万人。

(2)传播高效。许多门户网、E-mail、QQ 等互联网工具,都是颇具人气的,利用这些工具,能迅速让信息广泛传播开来。

(3)自愿传播。在病毒式营销中,信息传播者,往往是信息受利者。比如腾讯 QQ,一个人没办法用,只能让更多的朋友知道这个产品,并一起使用这个产品,才能最大化利用这个产品。所以,信息受利者会毫无怨言地帮助商家传播信息。

(三)病毒性营销的缺点

(1)违反公众道德。比如,许多"恶意"的祝福信息,就是利用病毒式营销进行传播的。像什么"给妈妈的祝福,看到后如不转发,××日内母亲必出事"等等,这些显然与公众道德的相背离的。

(2)各类负面效应,尤其会广泛传播。比如一些行业内幕,一旦被公布于互联网,会迅速蔓延,影响该行业的健康发展。

(3)误导公众。一些信息,往往会利用公众的某些心理,将错误或负面信息传播开来。比如,如今许多年轻人知道××明星的××隐私,而不知道我国的历史文化名人是何人。有时,部分不良信息确实会误导那些没有树立正确观念的社会大众。

(四)病毒性营销战略的基本要素

(1)提供有价值的产品或服务。

(2)提供无须努力地向他人传递信息的方式。

(3)信息传递范围很容易从小向很大规模扩散。

(4)利用公共的积极性和行为。

(5)利用现有的通信网路。

(6)利用别人的资源。

病毒性营销，是互联网时代的创新营销方式，如能符合以上条件，就可以采用病毒性营销。虽然一个病毒性营销战略不一定要包含所有要素，但是，包含的要素越多，营销效果可能越好。

【任务实施】视频营销 声光影展风采

一、借视频营销"蹿红"市场，精准定位视频卖点

视频营销经典案例：小庙广告——土家腊肉农产品

磨炼过，劳累过，回家最好不过。家的味道，总是在你最孤独最怀疑自己的时候带给你一丝慰藉。广告用鲜明的对比营造出悲凉的氛围。再用如同从外星降临一般的袋子切换至另一空间，那里有着妈妈，有着妈妈的味道，有着家的味道——土家腊肉，土家人一辈子的牵挂。(视频链接：http://v.youku.com/v_show/id_XOTQ0MjkwNTU2.html)

图 7-1 小庙创意视频广告

二、土豆用户上传视频使用方法

第一步　打开土豆网主页

运行 IE 浏览器，在地址栏输入土豆网网址并回车，打开土豆网主页如图 7-2 所示。

图 7-2　进入土豆网主页

第二步　注册土豆网账号

如图 7-3 所示，在右上角找到用户注册链接并点击，进入注册页面填写表单完成注册并激活账号，如图 7-4 所示。

图 7-3　注册土豆网账号

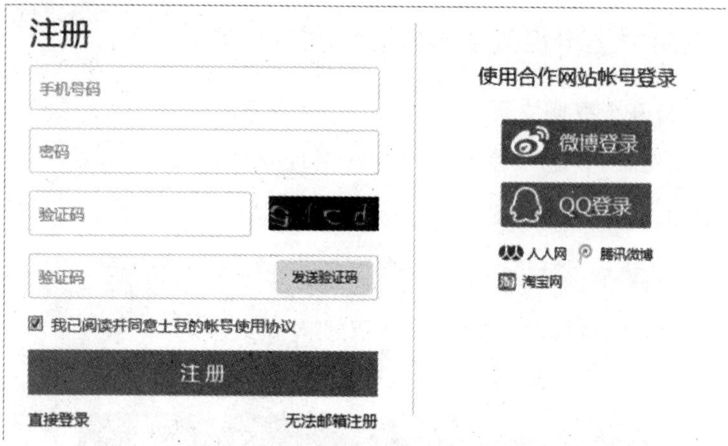

图 7-4 填写注册信息

第三步 上传视频

如图 7-5 所示单击“上传”按钮,单击“选择要上传的文件”进入视频上传界面,如图 7-6 所示。选择要上传的视频,单击确定按钮。等待视频上传(图 7-7)。

图 7-5 单击上传按钮

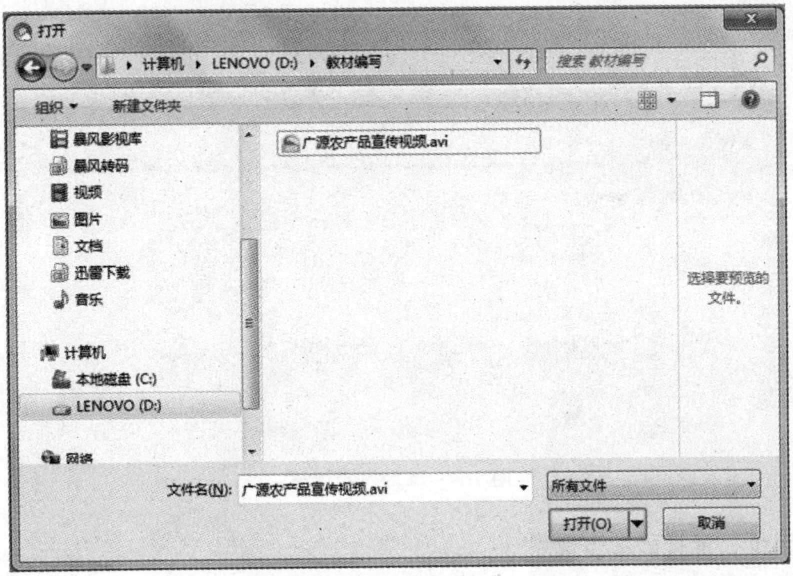

图 7-6 选择上传的视频文件

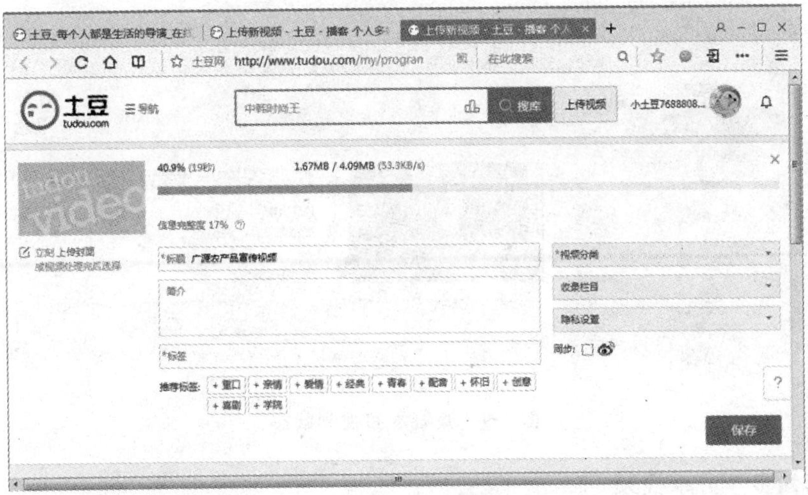

图 7-7 视频上传界面

第四步 填写视频信息

填写视频标题、简介、标签、分类等信息后单击“保存”按钮，如图 7-8 所示。

图 7-8 填写视频信息

第五步 查看已发布视频

单击“视频管理”可进入视频管理界面，查看已发布视频列表及信息，如图 7-9 所示，单击视频缩略图可打开观看视频。

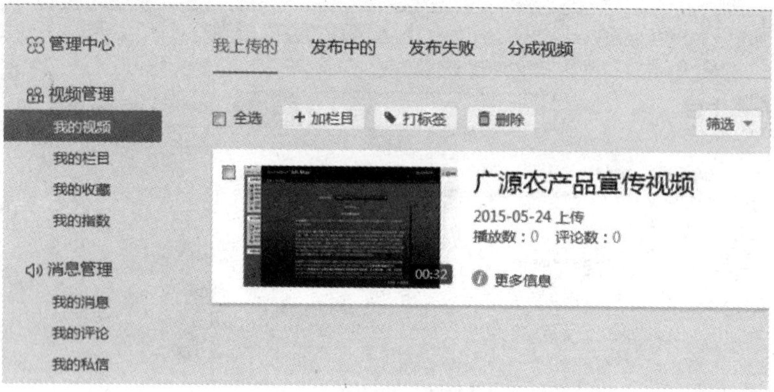

图 7-9 查看发布视频状态

第六步 分享视频

在视频浏览界面，单击“分享”按钮，如图 7-10 所示，可以选择直接分享到 QQ 空间、新浪、微信、人人网、腾讯微博等，或者根据自己需求选择合适的代码，复制粘贴到自己网站代码中即可。

图 7-10　分享视频

【任务拓展】

一、农产品标准化

目前我国农产品标准化程度很低，广大农民仍采用传统的生产方式，无法适应和满足现代化的采购标准，亟待提高农产品的规格化、标准化、包装升级化。

农产品标准化即农产品生产过程的标准化管理和产品质量达到标准。农产品质量标准制订要从生产环境、生产过程到产品品质、加工包装等环节的一系列标准，使农产品生产的每一个环节都纳入标准化管理的轨道，形成一整套完善的全程标准指标体系，达到农产品质量从土壤到餐桌的全过程控制。

二、农产品国际化

中国是一个人口大国，也是一个农业大国，只有有了自己的农产品品牌，在规模的保证下，完全可以在国际市场上站住脚。品牌是以其稳定、卓越的产品品质由市场认可的。加大广告宣传，加强公共关系促销，塑造品牌形象，适度包装，品牌的营销手段都得利用起来，推进农产品的品牌建设。完整地建立了自己的农产品品牌之后，就要大力发展农产品加工业，提高农产品的国际竞争力。

科学技术才是第一生产力，同样，科技也是农产品的核心竞争力，只有高质量，低成本的商品，才能在国际市场上得以生存和发展。

三、标准化质量分级是网上销售的前提

(一)农产品质量分等分级

农产品质量是指农产品的效用、意愿、价值等主观特性。质量是由生产者、消费者偏好决定的。制定质量标准的目的是更好地满足消费者对不同质量产品的需要,而不是保证高质量产品的市场销售。

农产品质量分级是指根据农产品的质量标准,将不同质量的农产品进行分级、归类。等级明确地反映了农产品功能用途及其相应的费用与价格,体现了消费者对农产品预期、认可的不同质量要求。

(二)我国的农产品质量分等分级工作

农业标准化工作的目标是提升农产品质量。目前我国已发布涉及食品安全的国家标准、食品行业标准数千项,制定了《食品卫生法》《进出口商品检验法》等 11 部法律和 22 部法规,基本建立了食品、农产品"从农田到餐桌"全过程的认证认可体系。我国农产品质量标准由国家农业部农产品质量安全监管局负责管理,具体标准详见中国农业质量标准网的"标准公告"页面(网址:http://www.caqs.gov.cn/)。

四、农业和农产品的标准化

	外观分级	理化指标分级	综合分级
分级指标	如:水果主要为单果重、果径、果肉肉质、色泽、风味、果形、果面缺陷,异果率等。蔬菜主要为长度、形状、气味、肉质、重量、球径等 茶叶主要为条索、色泽、整碎、净度、香气、滋味、汤色、叶底等 水产品(鲜鱼)主要为尾长、尾重、外观(包括体表、鳃、眼、肛门)、组织、气味等。鸭主要为体型外貌、体重、体斜长、胸宽、龙骨长、骨盆宽、胫长、半潜水长等。羊主要为体重、体长、胸围、管围、体重等	种植业主要包括水分、总灰分、粗纤维、含糖量、总酸、可食率、其他营养物质等。养殖业主要包括屠宰率、净肉率、解冻失水率等	对所有外观和理化指标进行综合评判。按照一级、二级、三级或特级、一级、二级进行分级的,某些影响农产品质量非关键指标,在综合分级时,控制设限可适当放宽。按照计分对所有指标进行统计计分,按照计分确定一级、二级、三级或特级、一级、二级
分级	每项指标分为一级、二级、三级;每项指标分为特级、一级、二级;每项指标按不同规格计分	理化指标分级可按外观分级的方式分级,也可设一限定指标不分级	

农业标准化是指运用“统一、简化、协调、优选”的标准化原则，对农业生产的产前、产中、产后全过程，通过制定标准和实施标准和实施管理，促进先进的农业科技成果和经验迅速推广，确保农产品的质量和安全，促进农产品的流通，规范农产品市场秩序，指导生产，引导消费，从而取得良好的经济、社会和生态效益，以达到提高农业生产水平和竞争力为目的一系列活动过程。农业标准（农产品质量标准）的编写主要技术指标有：

1. 分等、分级

将农产品按要求分出等级。

2. 安全卫生指标

主要为重金属、农药残留、兽药残留、有毒有害有机物，有毒有害化合物、微生物等指标。必须符合现行法律法规和强制性安全卫生标准的规定。

3. 检测方法

对列入标准所有的外观、理化和安全卫生指标，要规定检测方法，有国家、行业和地方标准的，应采用现行标准，没有标准的，要制定检测方法。

4. 检测规则

原则上按照国家的有关标准执行，没有相关的检测规则时，参照有关标准规定检测规则。

5. 产品的包装、标识、贮藏、运输

①包装：根据农产品外观形状和市场需求，规定不同规格的包装，要符合现行法律法规和强制性标准的规定。

②标识：按照现行法律法规和强制性标准的规定进行标识。

③贮藏：按照安全卫生、保质的要求规定贮藏条件。

④运输：对运输工具的卫生条件、防雨、防污染条件及运输工具应有的基本设施条件进行规定。

6. 附录

附录有规范性附录和资料性附录。对标准中需要详细说明且文字较多的内容，如检测方法、列图、列表。可设置附录。

五、我国农业和农产品标准化的发展和现状

在国际日益严格的农产品进口检验标准面前，中国农产品自身暴露的问题值得反思，推进农业标准化进程，是提高农产品品质，维护人民群众根本利益的具体体现；加强农业标准化工作，提高农产品质量，也是应对入世挑战，争取市场主动的必由之路。

(一)我国农业和农产品标准化基本情况

我国农业标准研究应用工作起步较晚,开始于建国初期。新中国成立后,中国农业标准化经历了从起步阶段(1949—1984 年)、开拓阶段(1985—1998 年),1999 年至今中国农业标准化进入了全新发展阶段。

到目前为止,国家质量技术监督局会同农业部统一组织制定国家农业标准 350 多项,行业标准 960 多项,组建全国农业标准化委员会 20 多个。农业标准范围从原来的少数农作物种子、个别的种畜标准,发展到涵盖种植业、畜牧业、水产业、饲料工业、农业机械、乡镇企业、农村能源与环境保护等各个领域,贯穿了农业产前、产中、产后全过程。

农业质量标准工作是一项技术含量很高的执法工作。农业部门在推进农业标准化的同时,重视有关农业标准的规章和管理办法的建立。根据《中华人民共和国产品质量法》《中华人民共和国标准化法》《中华人民共和国计量法》及有关的法律法规,制定了 8 项规章。

(二)我国农业和农产品标准化存在的问题

(1)农村农业标准化意识薄弱,农产品质量水平普遍不高,产品之间发展不平衡,内在品质、安全卫生、包装加工等方面都存在着较大的问题。

(2)标准的制定与实施相脱节,产中技术规范多,产后标准和系列标准少。标准与市场、流通结合不紧。

(3)农业生产环境与生产资料的质量影响农产品标准化的实施。

(4)农产品标准化监测体系不健全、检验、监测不及时。

(三)我国农业和农产品标准化的建议及对策

(1)建立健全农业标准体系。加快农业标准特别是主要农产品的内在品质、加工性能、分等分级、包装新鲜和安全卫生标准制定和修订工作,使主要农产品的标准成龙配套,基本达到农产品生产的各个环节都有标准作为技术依据。

(2)加快完善农业监测体系。重点围绕"米袋子"、"菜篮子"工程,加强有关农药残留量检验,以保证人身安全健康。

(3)加大普及、宣传工作的力度要把实施标准变成广大农户的自觉行动,必须强化标准化意识,普及标准化知识,加大农业标准宣传贯彻的力度和广度。

(4)各级政府、各有关部门要切实加强领导,狠抓落实。

总之,农业标准化建设是我国农业由追求量变转向质变的跨越,是我国农业应对入世挑战、提升农产品竞争力的重要举措。

【任务巩固】

1. 如何建立农产品标准化?

2. 尝试在优酷网注册会员并上传自己的视频。

3. 为自己的农产品编写一个简单宣传剧本,或视频创意广告。

【任务评价】

考评内容				
考评标准	项　　目	小组自评价	他组评价	教师评价
	素材搜集:农产品、农业标准化			
	案例分析:视频营销的定义、特点及优势			
	团队合作:病毒性营销的定义、优缺点及病毒营销策略			
综合评价				

任务二　扩充农产品微信营销模式

【任务目标】

移动互联时代,微信已成为融通信和社交功能为一体的超级平台,并构建起强大的生态圈。如何将微信平台打造成企业服务利器呢?

完成本学习任务后,你应该能

- 了解微信营销
- 学会分析微信营销的优劣势
- 掌握微信营销的方式

【知识准备】

一、微信营销

微博营销方兴未艾,微信营销又近在眼前,随着微信开放“公众平台”,企业到微信去抢座位做营销已成一种新营销热潮。

微信营销是以微信作为营销平台,通过查找微信号、添加 QQ 好友等多种方式获得微信好友,每一个微信好友都是潜在营销对象,每个企业通过微信公众平台向网友传播企业、产品的信息,树立良好的企业形象和产品形象。

二、微信营销的优劣势分析

(一)微信营销的优势

微信不仅支持文字、图片、表情符号的传达,还支持语音发送。在微信的"附近的人"插件中,可以查找本人地点地理方位邻近的微信用户。据微信官方数据,每5 000 万的用户中有活跃用户 2 000 万,而 25～30 岁用户估计超 50%,这一强大的优势使很多企业的营销有了更好的方向。微信的用户是真实的、私密的、有价值的。微信关注的是人,人与人之间的交流是微信平台的价值所在。微信基于朋友圈的营销,能够使营销转化率更高。微信可以经过后台的用户分组和地域操控,完成精准的音讯推送。一般可以群发文字、图片、语音三类内容。

(二)微信营销的不足

微信的移动领先,在一定程度上会影响微信对 PC 的辐射力。微信的订阅和推送功能很棒,但是如果企业信息多了,对用户有可能造成信息困扰,这可能制约着用户关注"公众账号"的数量。微信对企业而言客服功能会很强大,但是无论是程序还是供应商都不太可能很好的管理几十万数量级的用户——无论是微博还是微信似乎都很难以完成这个任务,如果每天都有几十万乃至上百万粉丝提出关于产品或者售后的问题和投诉,麻烦来了。

三、微信营销的方式

1. 营销方式一:漂流瓶

"扔一个",用户可以选择发布语音或者文字然后投入大海中,如果有其他用户"捞"到则可以展开对话;"捡一个",顾名思义则是"捞"大海中其他用户投放的漂流瓶,"捞"到后也可以和对方展开对话(图 7-11、图 7-12)。

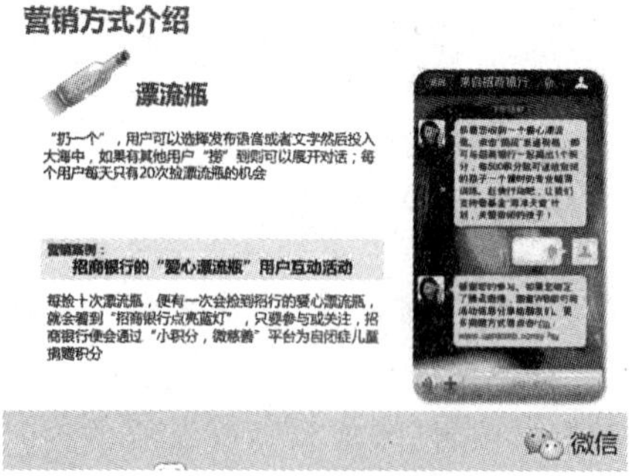

图 7-11 微信漂流瓶图

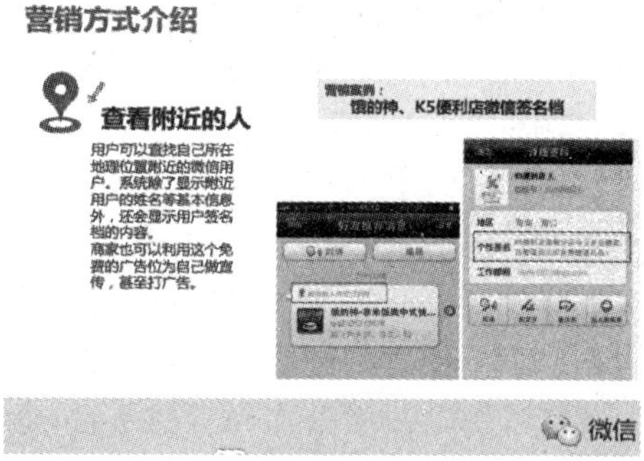

图 7-12 微信附近的人

2. 营销方式二：位置签名

微信结合 LBS 功能，在“发现”的“附近的人”，用户可以查找自己所在地理位置附近的微信用户。系统除了显示附近用户基本信息外，还会显示用户签名档的内容。

图 7-13　微信二维码图

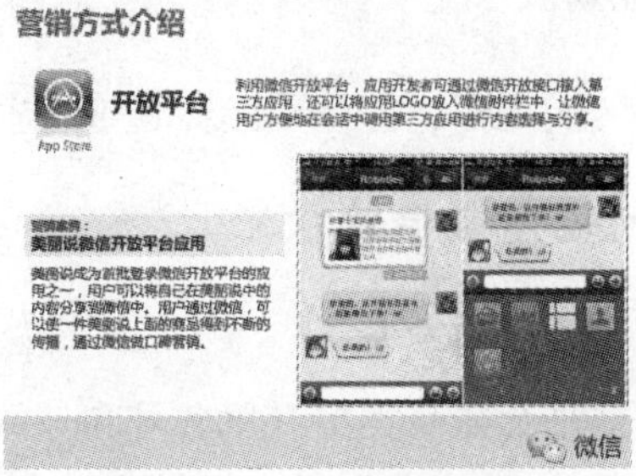

图 7-14　微信开放平台

3. 营销方式三：二维码

在微信中，用户可以通过扫描识别二维码身份来添加朋友、关注企业账号（图 7-13）。企业可以设定自己品牌的二维码，用折扣和优惠来吸引用户关注，开拓 O2O 的营销模式。

4. 营销方式四：开放平台

利用微信开放平台，应用开发者可通过微信开放接口接入第三方应用，还可以将应用的 LOGO 放入微信附件栏中，让微信用户方便地在会话中调用第三方应用进行内容选择与分享（图 7-14）。

5. 营销方式五：语音信息

用户偶尔会厌倦了发短信打字，发视频又过于耗费流量，既如此，用微信发送音频信息，就确实是省时省力又省钱的信息传递方式（图 7-15）。

图 7-15　微信语音信息

6.营销方式六:公众平台

微信公众平台,真正是无门槛。每一个人都可以用一个 QQ 号码,打造自己的一个微信的公众号,并在微信平台上实现和特定群体的文字、图片、语音的全方位沟通、互动。

【任务实施】如何将微信平台打造成企业服务利器

一、注册微信公众号

(一)注册前准备

公众平台账号类型有服务号和订阅号两种类型:

服务号:给企业和组织提供更强大的业务服务与用户管理能力,帮助企业快速实现全新的公众号服务平台,是目前网络营销的重要环节。如图 7-16 所示,为招商银行信用卡服务号。

订阅号:为媒体和个人提供一种新的信息传播方式,构建与读者之间更好的沟通与管理模式,微信营销最好的方式。如图 7-17 所示,为央视新闻订阅号。

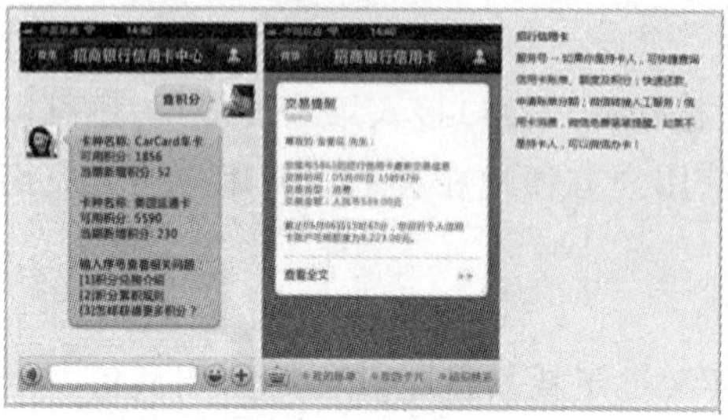

图 7-16 微信服务号图

图 7-17 微信订阅号

(二)注册步骤

(1)通过电脑登录微信公众平台官网:http://mp.weixin.qq.com/,点击右上角的“立即注册”(图 7-18)。

(2)填写注册邮箱和设置公众号登录密码。

如图 7-19 所示,使用未绑定微信的邮箱进行注册。

(3)登录邮箱查看邮件,并激活公众平台账号。

如图 7-20 所示,登录邮箱查看邮件,并点击邮件中的链接地址,完成激活,如图 7-21。

图 7-18　微信公众平台注册

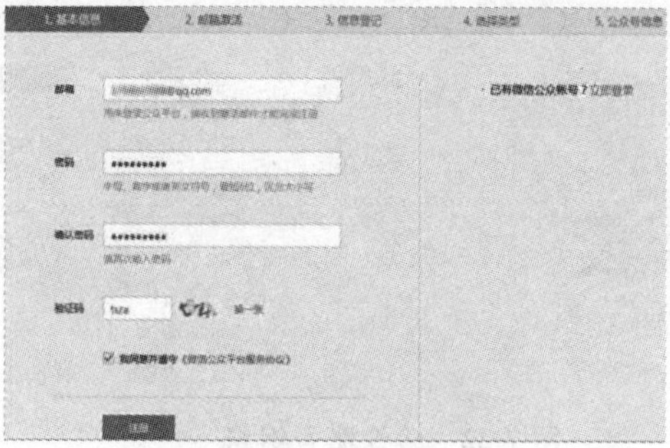

图 7-19　填写注册信息

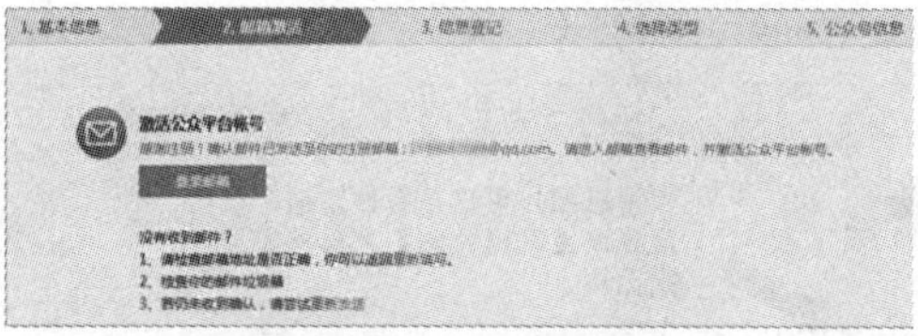

图 7-20　邮箱激活

图 7-21　激活账号

注意：如果链接地址无法点击或跳转，请将链接地址复制到其他浏览器(如IE)的地址栏进入微信公众平台。

链接地址 48 小时内有效，48 小时后需要重新注册。

(三)选择合适的微信公众号

(1)确认你的微信公众账号属于组织，并请按照对应的类别进行信息登记，如图 7-22 所示。

(2)认证信息提交后，审核通过就可以进行微信设置了，如图 7-23 所示。

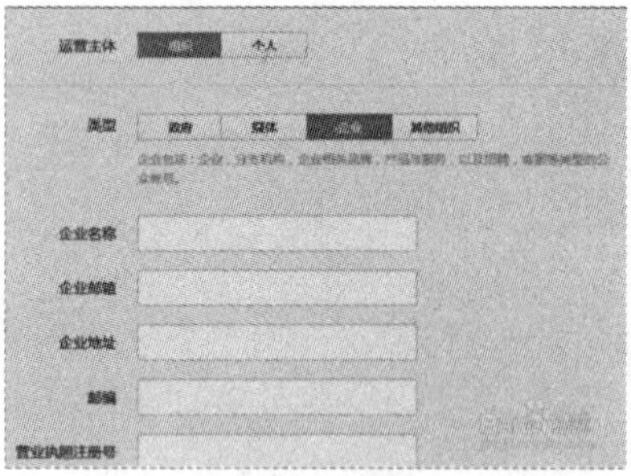

图 7-22 公众账号组织

图 7-23 提交认证信息

二、微信公众平台功能

(一)群发功能

群发功能:微信公众平台发布消息,关注你的人都可以看到。可以筛选群发对象,右下角可以绑定微博,绑定后同时把信息发到绑定的微博中。在中间输入框中输入要发送的内容或选择图片、语音、视频、图文信息等素材,如图 7-24 所示。

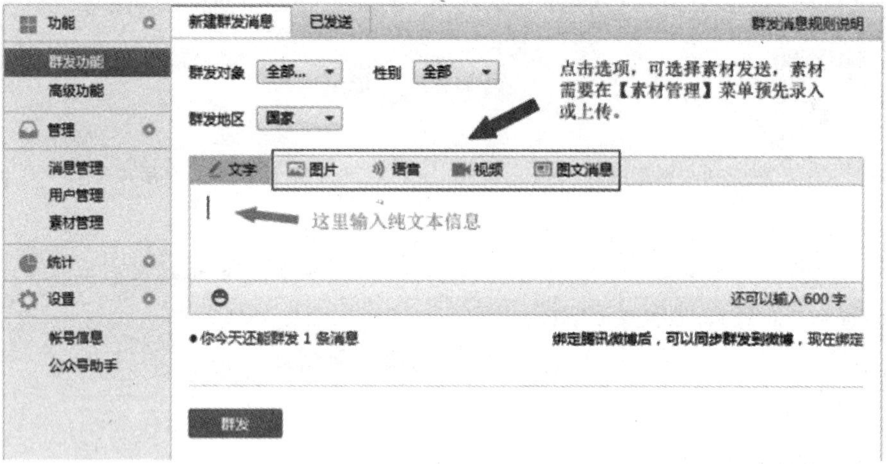

图 7-24 群发界面

(二)素材管理

如图 7-25 所示,设置或上传图文信息、图片、语音、视频等素材供其他功能调用。单图文信息:只有一条图文的信息;多图文信息:允许拥有多条图文信息。

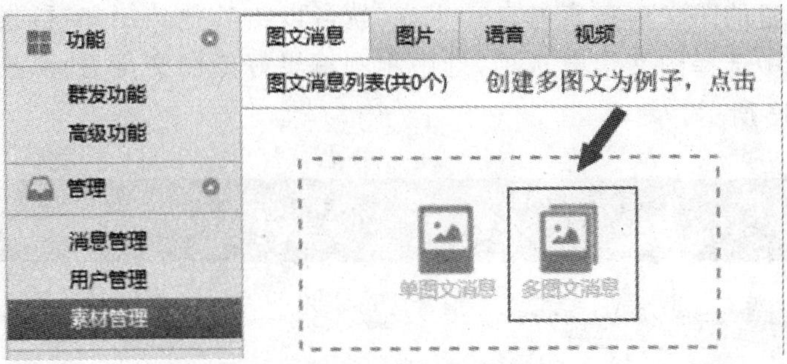

图 7-25　素材管理

首先需要设置一个封面和一个标题，输入相应内容即可。编辑正文内容下面可以加入文章的链接。这样微信用户点击标题就可以进入你指定的网站了。填写完毕后，按“保存”提交，如图 7-26 所示。

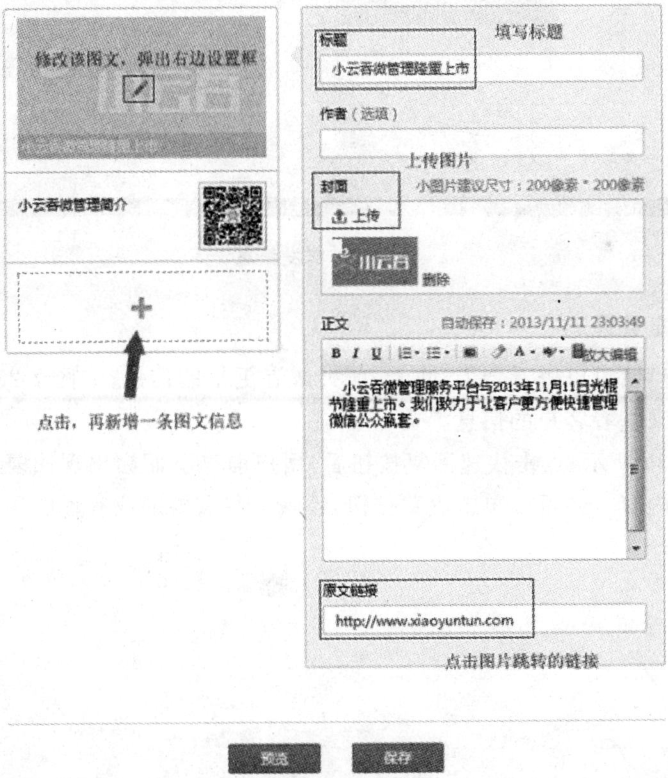

图 7-26　添加图文信息

刚刚设置的图文信息素材自动生成，就可以给其他功能如“群发信息”调用。在群发功能中选择图文信息选项，选中刚刚编辑好的图文信息，点击勾选确定即可，如图 7-27 所示。

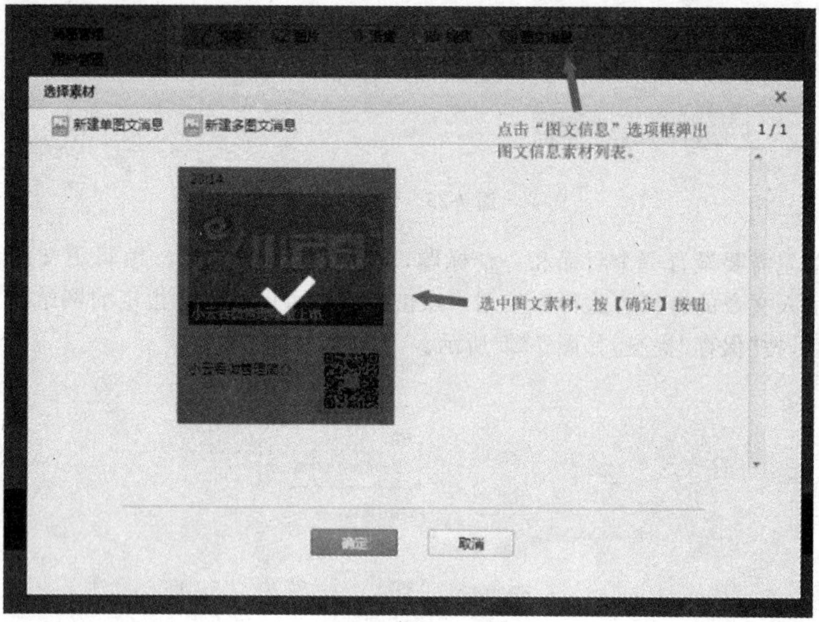

图 7-27 群发信息

(三)消息管理

点击“消息管理”可以查看当天、昨天、前天或者更早的信息，如图 7-28 所示。还可以通过分组来查看客户的信息。

如图 7-29 所示，点击快速回复按钮后，用户消息下面会出现回复框，可以直接给用户回复内容。还可以单击收藏按钮，收藏一些重要的或有趣的用户消息。

图 7-28 消息管理

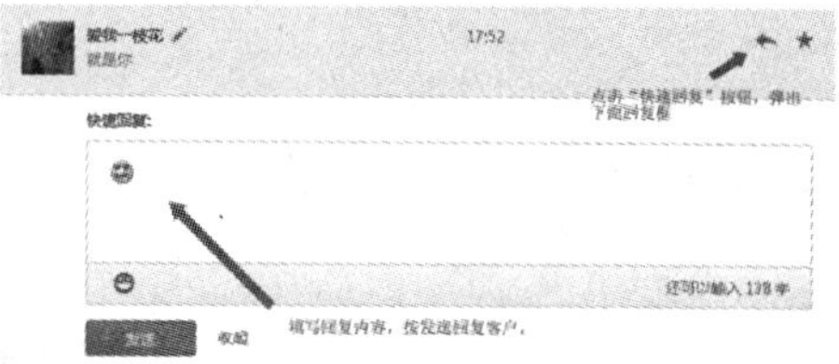

图 7-29 消息回复

(四)用户管理

如图 7-30 所示,点击左边菜单的“用户管理”,用户管理右边的是用户分类,除了系统默认的未分组、黑名单、星标组外,可以自定义添加自己的分组名称,分组用于把客户分门归类,方便管理维护。左边是用户列表,列表上面有个批量分组,当你勾选用户前面的框框后,可以把多个用户批量导入到选择的分组里面。如果想单独修改用户分组,在用户名的右边有调整按钮。

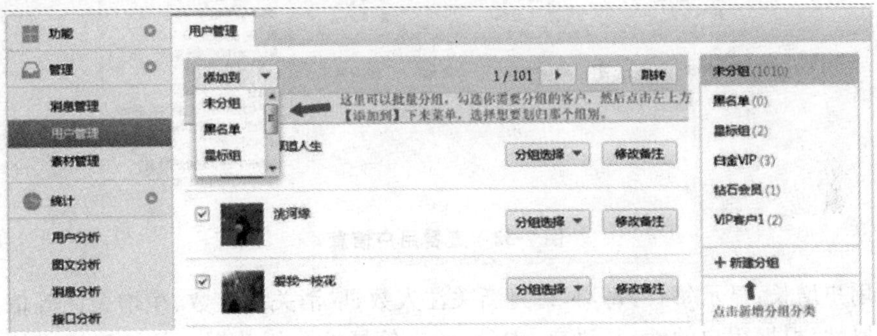

图 7-30　用户管理

鼠标移动到用户头像会弹出一个用户详细信息框,如图 7-31 所示。

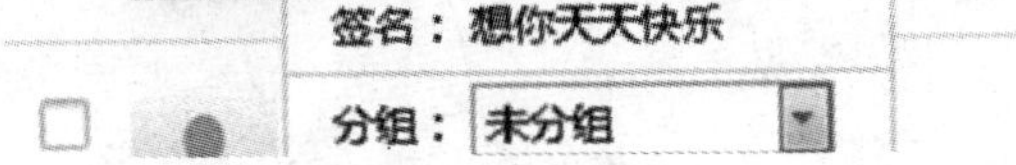

图 7-31　查看用户信息

(五)统计

为了更好开展业务或者维护客户,需要有一系列的分析工具来查看各种数据,而方便制定经营策略。本功能包含用户分析、图文分析、消息分析、接口分析。

1. 用户分析

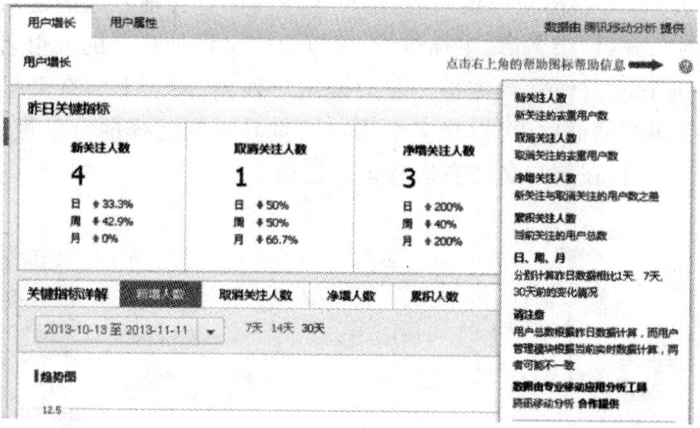

图 7-32 查看用户信息

用户增长：显示每日，每周，每月新关注人数、取消关注人数、净增关注等信息。用户属性：根据用户的性别、语言、省份、城市等属性分析数据。关键指标详解：曲线图分析新增人数、取消关注人数、净增人数、累积人数四项指标的数据。可选择 7 天、14 天、30 天的数据，如图 7-33 所示。或者按【时间对比】，选择两个时间段对比数据，如图 7-34 所示。

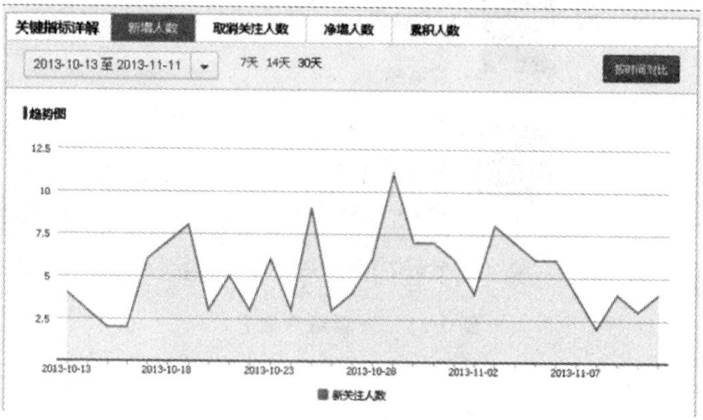

图 7-33 查看新增人数报表

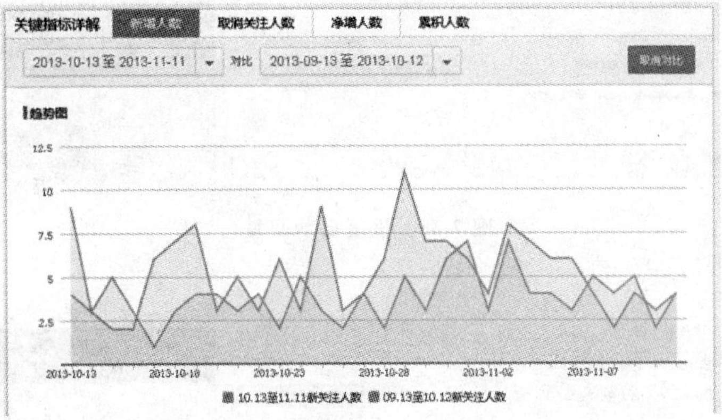

图 7-34　时间对比新增人数

2. 图文分析，消息分析

跟用户分析类似，关注当日、周、月的数据。

3. 接口分析

根据调用次数、失败率、平均耗时、最大耗时，关注用户调用公众平台接口的成功率最为关键。因为如果失败率高，或者耗时多，用户体验不良好，容易导致用户取消关注。所以这个接口分析是每天必须留意的，发现异常即时查找原因或找微信公众平台客服帮助解决。

(六)编辑模式

编辑模式下用户可自定义设置被添加自动回复、消息自动回复、关键字自动回复。

1. 被添加自动回复

在微信公众平台设置被添加自动回复后，粉丝在关注公众号时，会自动发送设置的文字/语言/图片/视频给粉丝。设置方法：通过在微信公众平台→功能→高级功能→编辑模式→被添加自动回复，可设置的文字/语言/图片/视频为被添加自动回复内容，如图 7-35 所示。

2. 消息自动回复

在微信公众平台设置用户消息回复后，会在给粉丝发送微信消息时，会自动回复设置的文字/语言/图片/视频给粉丝。

设置方法：通过在微信公众平台→功能→高级功能→编辑模式→设置→消息自动回复，可设置的文字/语言/图片/视频为用户消息回复，如图 7-36 所示。

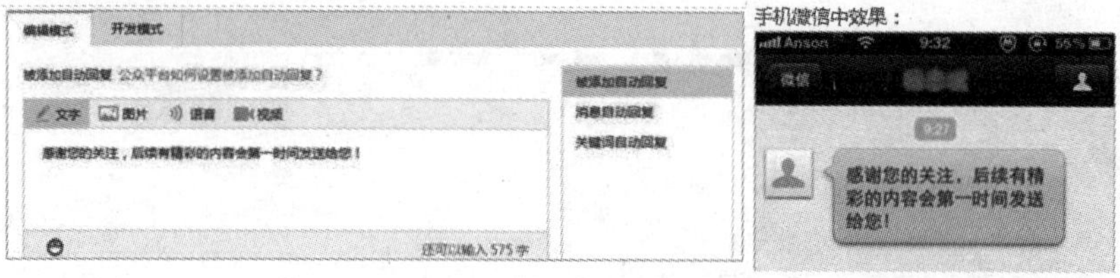

图 7-35 设置自动回复

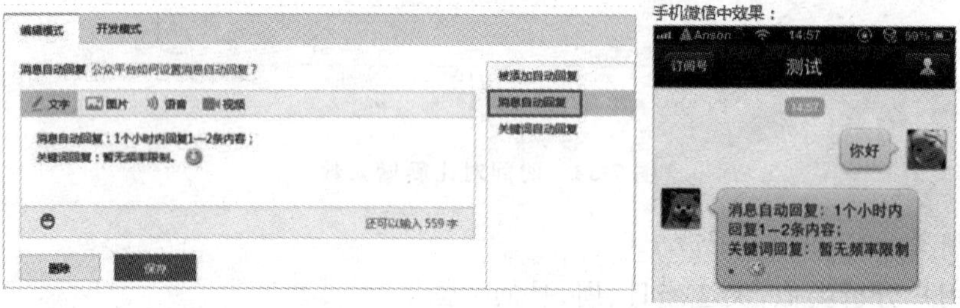

图 7-36 消息自动回复

3. 关键词自动回复功能的介绍

在微信公众平台设置关键词自动回复，可以通过添加规则（规则名最多为 60 字数），订阅用户发送的消息内如果有您设置的关键字（关键字不超过 30 字数，可选择是否全匹配如设置了全匹配则必须关键字全部匹配才生效），即可把您设置在此规则名中回复的内容自动发送给订阅用户。

(1)关键字自动回复设置方法。登录微信公众平台→功能→高级功能→编辑模式→设置→关键词自动回复→添加规则，即可添加相应的关键词自动回复信息。

(2)关键字自动回复的规则。可通过微信公众平台设置多个关键字，如订阅用户发送的信息中含有设置的关键字，则系统会自己回复。若选择了全匹配，在编辑页面则会显示“已全匹配”。对方发送的内容与设置的关键字须完全一样，才会触发关键字回复，不能多一个字符也不能少一个字符，如图 7-37 所示。

若没有选择全匹配的情况下，编辑页面则会显示“未全匹配”。对方发送内容包含设置的完整关键词，就会触发关键字回复给对方，如图 7-38 所示。

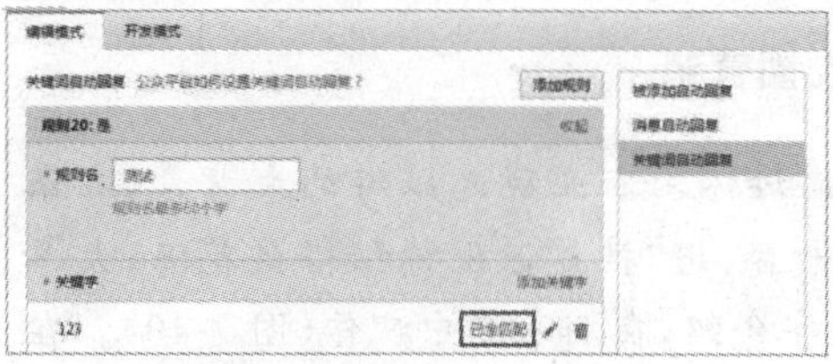

图 7-37　完全匹配关键词

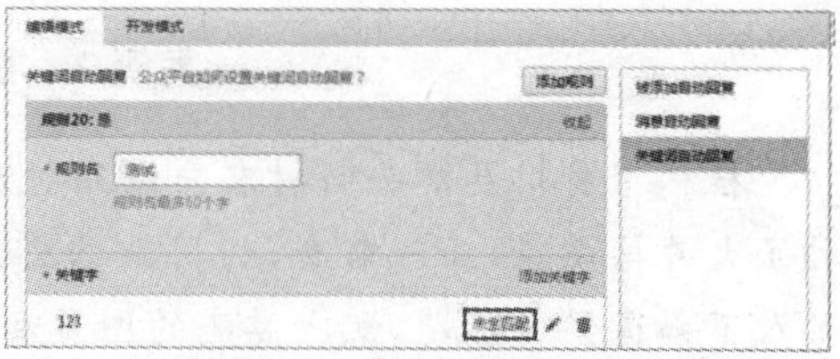

图 7-38　未完全匹配关键词

【任务拓展】微信营销实际案例

案例 1　身边的微信水果摊

利用微信营销很火的一件事就是"微信卖水果"。"水果 1 号"通过微信公众平台，向关注的粉丝推送降价和特惠信息，只要客户在微信上订购水果，就在很短的时间内送货上门(图 7-34)。由于服务态度好，微信沟通及时，客户都对此口口相传。有一位老客户在微信朋友圈中转发一条这样的信息："太靠谱了，太给力了！想吃什么口味的水果，只要发给信息就能送货上门。"显然，微信公众号不是大企业、大品牌才有的专利，只要运营得法，小企业、小个体也有一席之地。

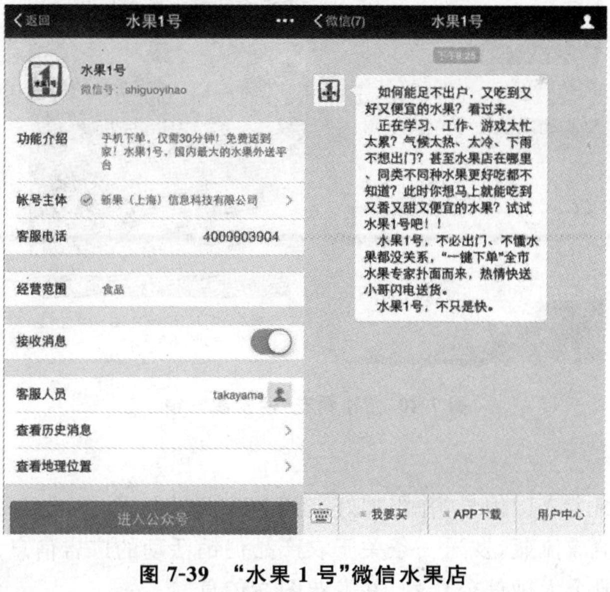

图 7-39　"水果 1 号"微信水果店

案例2 朋友圈营销

桂林市灵川县桥头新村农户利用桂林周边休闲农业观光旅游的大背景，在家种了大片格桑花，五一前夕，利用微信公众平台，用“桂林惊现神秘格桑花海，大多数人不知道！”为标题，配上漂亮的图片和文字介绍，在朋友圈中疯传(图7-40)。在花期到来之际，利用消费者的好奇心理，抓住消费需求，迎来了一批又一批的游客，较好的达到了营销目的。

微信营销，归结于是人的营销，首先要把自己推销出去，让大家对你产生好感，好的印象，自然才会关注你的产品，购买你的产品。所以在选择好产品之后，就要围绕如何在微信圈树立个人品牌，和大家建立一个良好的关系。一旦在朋友心中有了一个不错的口碑，相信卖产品自然就简单得很多。以人为本，才是微信营销之道。

图7-40 “格桑花”朋友圈营销

【任务巩固】

(1)注册开通个人微信号，并添加好友到200人以上。

(2)利用微信漂流瓶，发送一条关于农产品促销活动的广告信息。

(3)尝试注册个人微信公众号，并发布图文信息。

【任务评价】

考评内容				
考评标准	项　　目	小组自评价	他组评价	教师评价
	案例分析透彻			
	语言通顺简洁			
	素材搜集全面			
	团队合作精神			
合计				

项目八　农产品网络营销的新策略

任务一　尝试农产品的免费营销策略

【任务目标】

互联网这个虚拟世界里面有着超低的运营成本，使得免费营销在这里更加如鱼得水，如何利用好它们，使我们的口袋盆满钵满、生意风生水起呢？这里我们来一一进行揭秘。

完成本学习任务后，你应该能

- 了解网络免费营销策略
- 了解农产品网络营销前景
- 掌握个性化服务营销策略
- 知道利基市场营销策略
- 学会利基市场营销案例

【知识准备】

一、网络免费营销方式

“人无我有，人有我新。”是所有行业发展的规律，这也正是各大网站毅然推出免费营销平台的原因。大多数的网络运营商都采用免费平台模式之后，免费这条路就成为吸引小微商家零成本进入的关键点，网络免费运营平台的崛起势不可挡。

下面介绍免费网络营销五种方式。

1. 用户免费——广告商付费

这种模式在线下作为消费者的我们已经喜闻乐见了，电视台通过在电视剧里面插播广告来收费。在线上我们浏览页面不需要花钱，网站也是通过卖广告来获得收入的。

互联网上一些主流的搜索引擎需要推广的，广告商就需要给钱。搜索引擎如图 8-1 所示。

图 8-1　百度搜索引擎

2. 消费者免费——商家付费

这种免费模式常见于商家在网站上挂上自己的产品，当有买家对某个卖家的产品进行咨询留言等，商家要查看并且回复消费者的信息就必须要给钱才能看到。在国内比较著名的就是天猫淘宝，如图 8-2 所示。

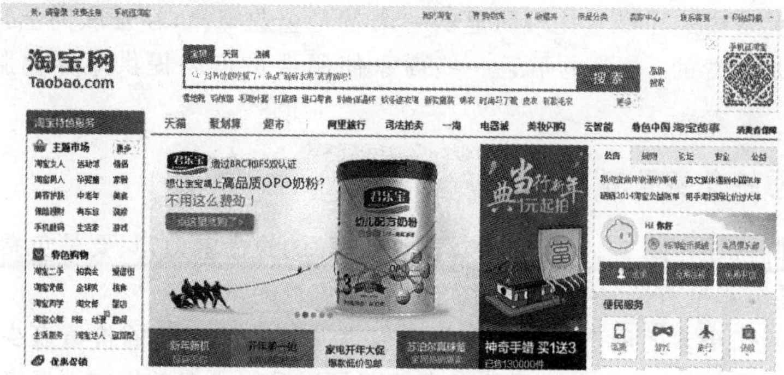

图 8-2　淘宝商城

3. 产品免费——后续服务收费

这种免费策略是指在网上个人站长在进行网站建设时需用网站模板，站长可以在网络随意下载网站上的“系统网站内容管理系统”进行个人建站，一般网站会在其中提供一些免费的模板供用户免费使用，但是如果需要寻求更好的网站模板就得收费。

如在网上可以随意下载的免费音乐，如图 8-3，而我们购买正版的光盘就需要付费。

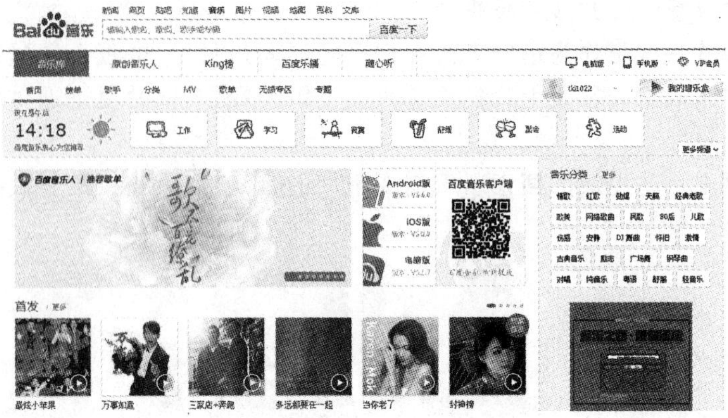

图 8-3 百度音乐

4. 商品免费——附件收费

现在所熟知的各种充话费送手机等活动，用户因为使用的是运营商的定制机，由于用户不会轻易换号码，如此一来运营商就可以从客户后续的持续消费当中获利。

5. 用户免费——企业收费

这种免费模式在线上比较明显的一个就是企业邮箱，在互联网上注册以及使用邮箱都是免费的，当然也不乏一些商家使用会员策略提供差异化服务来进行收费。

二、网络免费营销的作用

免费降低销售阻力。我们应该清楚“免费”的致命魅力，只要是免费的东西，都有人要，甚至是抢着要，网络营销也可以采取免费的策略。

免费吸引更多的消费者。免费的吸引力并不在于产品的价值多少，而仅仅是因为免费本身，因此网络营销采取免费策略可以吸引更多的潜在消费者。

免费提高销售的成功率。最好的就是让用户直接免费试用产品，必须是高质量的产品，让免费使用的用户得到最好的体验，促使继续消费。通过免费策略带来很多销售机会。

三、农产品网络营销的前景展望

1. 逐步实现农业规模化、产业化经营

作为农产品供货商，传统的小农户不具备农业生产的标准化和规模化能力，单个的小农无法满足基于网络 B2C 即企业对商户模式的农产品网络平台的大数量销售要求。要想扶持这些小农户产品通过网络平台进行销售,思路就是组织创办或者加入农民专业合作社。在其组织领导下生产出优质、标准化产品,使传统的小农户提升为符合网络销售平台需要的供货商。

鼓励多方多种形式创办和发展农产品网络销售平台,服务农民与农民专业合作社。例如吸引沃尔玛、联华、家乐福等大型超市商家,在现有网上商城业务基础上结合“农超对接”战略,扶持和鼓励经营农产品网络销售相关业务。通过逐步完善农业风险管理和保障机制,缓解自然与市场两大风险,通过深加工和大流通环节实现农产品增值,从而带动地区经济的发展和农业产业的升级换代。

2. 全面实施农产品电子商务

农产品网上销售,打破传统的时空限制,扩大农产品流通半径,减少由于没有销售渠道而带来的不必要的浪费。各地方政府都在相继建立本地的农业信息网如8-4 所示,从农业部到各地方也都开通了网上展厅,不断利用网络平台进行网络营销尝试,取得了很好的效果。未来农产品网络营销在农产品销售过程中,将全面导入电子商务系统,以网络为媒介实现线上交易,依托农产品生产基地与物流配送系统,实现为地方农产品提高品牌形象、增进顾客关系、改善顾客服务、最终扩大地方农产品销售。

图 8-4　广西农业信息网

3. 大力发展建立农产品物流平台

网络平台在经营在具体营销策略上,可以采用自由选购、包月配送和企业团购制度,还可以借助第三方团购网站平台作为补充性线上营销策略。由于生鲜农产品的特性,使得多数生鲜农产品很难像普通工业产品那样可以适应全国范围内的物流配送。要想保持农产品高品质的特征，就要求未来的基于农产品网络销售平台，销售的多数生鲜农产品应及时沟通信息地产地销，并建立起一支能快速响应和进行精细化配送的物流队伍。

【任务实施】实施网络免费营销

第一步　确定实施网络免费营销的平台和工具

利用网络免费营销的常用平台，如：淘宝、京东、国家级和行业级农业信息网站、各个省、市级农业信息网站等。网络免费营销的常用工具软件有微博、腾讯QQ、微信和博客等等。根据营销农产品的类别和特点，确定平台网站中两家，再选择常用工具软件发布农产品网上营销信息。

第二步　梳理出免费策略和方法

通过网络免费营销应重点介绍产品的营养价值、益处，吃后对身体有什么改变，什么样的消费者适应等，这样的宣传在网上越流行，产品的知名度就越高，越易于被消费者接受。农产品较为适合在开始阶段做免费体验式营销策略，以期获得用户试用后的反馈资料。

免费营销把农产品的优、劣完整体现在消费者面前，因此货真价实是体验的关键。网络免费营销依靠便捷快速的物流，将大大拉近消费者的感官识别，从而建立牢固的产品信任感，促进产品消费打开销路。

第三步　免费是为了收费，从免费走向收费

对用户来说，网络上的确可以有免费的午餐，对销售商来说，免费的终极目的是为了收费。当获得用户试用后的体验认可和口碑推广后，商家可以适时由免费转入收费。例如淘宝网开始对买家和卖家不收取任何用度费，但是现在只向要求做推广企业商户收费。在淘宝网卖家如果想在淘宝上销量更好，增做品牌传播，就得采用付费的推广形式。

【任务拓展】

一、新型营销策略——个性化服务

个性化服务打破了传统的以产品质量、以价格策略为核心的被动服务模式，充分利用各种资源优势，主动开展以满足用户个性化需求为目的的全方位服务。如海尔提出了“您来设计我来实现”的新口号，由消费者向海尔提出自己对家电产品的需求模式，包括性能、款式、色彩、大小等建议。

二、新型营销策略——利基市场

“利基”一词是英文“Niche”的音译，有拾遗补缺或见缝插针的意思。所以利基市场营销也叫做“缝隙市场营销”或“补缺营销”。

利基市场的特点：具有明确的或潜在的市场需求；该市场必须是空白的或被竞争对手所忽略的；需求必须足够大，以保证小企业从中经营可以获利；第四，小企业所掌握的资源必须能与该市场的需求相适应，保证小企业可以及时、有效地为其潜在顾客提供满意的商品或服务。

利基市场营销战略的实现途径：其产品或服务必须严格指向一个或少数几个利基市场；重点必须放在小企业所掌握的资源最具优势的一种产品或服务上；集中力量创造产品或服务优势；巩固并发展已有的市场优势；不断寻找、发现或创造新的利基市场，保证企业保持长期的竞争优势，免受竞争的巨大冲击。

三、利基市场营销案例——凡客诚品的利基战略商业模式分析

1. 凡客诚品的崛起——准确定位

凡客诚品，如图 8-5 所示。准确定位，迅速建立网上自主的 B2C 企业对客户电子商务平台，以新颖的商业模式、一流的团队、精准的营销手段、质优价廉的产品、高效的物流成功崛起。

图 8-5　凡客诚品

2. 凡客诚品的密钥——巧妙抓住市场缝隙

凡客诚品巧妙抓住市场缝隙，利用价格便宜的衬衫开拓市场，产品线单一标准化程度高。不与国际跨国公司和国内大企业在正面竞争抗衡，不断发展壮大，成为

大众所熟知的品牌。

3. 凡客诚品的服务核心——通过顾客需求个性化和网络定制营销，扩大市场

从市场需求来看，服饰产品属于个性化产品，而电子商务发展的基本原则是规模化和标准化。凡客诚品创立之初选择标准化程度较高的男式衬衫作为切入口，取得巨大成功后，再将其他产品扩大。

4. 凡客诚品持续的运营模式——强化核心竞争力，稳定市场

品牌优势和资源整合能力是凡客诚品的可靠竞争力。凡客诚品所做的就是通过呼叫中心和互联网收集市场信息，分析其中的变化和新需求，制订出每个阶段的市场计划。

解读凡客诚品的成功，我们可以认识到企业要选择并建立自己的利基市场，必须要进行准确的市场定位，即结合自身实力，寻找到独特而又适宜的经营领域。中小企业只要能够按照细分后的市场的需求特征和消费个性，把企业定位在消费者心目中所期望的位置上，就能够在竞争中发挥"小而特"、"小而专"、"小而精"的竞争优势。

【任务巩固】

1. 尝试利用网络免费营销策略，激活你的农产品网络营销。

2. 加深对利基市场了解，重新定位你的农产品，使你的农产品更具有竞争力。

【任务评价】

项目名称		姓名		时间	
评价指标	小组评价	学习体会			
知道五种网络免费营销策略					
知道个性化服务营销策略					
知道利基市场营销条件					
尝试设计开展网络免费营销					
综合评价					

任务二　尝试农产品的博客营销策略

【任务目标】

似乎是万能的网络提供给我们巨大的商机和渠道，"博客"更是其中最闪亮的

明星。目前博客营销已成为企业营销方式中重要的一种。今天我们一起来认识并掌握这种网络营销方式——博客营销。

完成本学习任务后,你应该能

- 了解博客和博客营销
- 学会原创文字(UGC)营销
- 知道其他网络营销

【任务准备】

一、博客和博客营销

博客是由个人管理、不定期张贴自己心得文章的网站。博客上的文章通常根据张贴时间,以倒序方式由新到旧排列。博客可以发布文字、图像,链接其他博客、网站或相关媒体,能够与读者以互动方式留下意见。比较著名的有新浪博客,搜狐博客,阿里巴巴网商博客等。如今博客已是社会媒体网络的一部分。因此我们可以利用博客这种网络新媒体形式开展网络营销。

博客是一种个人思想、观点、知识等在互联网上的共享。开展博客营销就是通过讨论对某个领域知识的掌握、学习和有效利用及传播,达到营销信息传递目的。企业类博客或者专业营销类博客具有明确的企业营销目的,博客文章中会带有企业营销的色彩。

博客营销和传统营销不同,博客营销的最大特点是通过具有个性化用户原创的文字去传播某种思想,暗示读者,利用博客作者个人的知识、兴趣和生活体验等,间接地向读者灌输和传播商品信息,开展较为隐蔽的营销活动。

二、运用原创文字(UGC)进行高效营销

博客营销间接地向读者灌输一种信息,实质是一种用户利用互联网的新方式将原创的营销信息,利用社区网络、视频分享、博客和播客(视频分享)等应用形式表述作者意思,最终实现营销推广。那么我们如何运用原创文字(UGC)来高效运营呢?下面提供了一些方法。

1. 产品功能故事化

博客营销文章要学会写故事,更要学会把自己的产品功能写到故事中去,自然的让产品功能自己说话。例如:《妈妈用去年的粽叶包粽子》就是一篇用故事来展现防潮柜功能的博文。文章发了之后,引来了很多的客户咨询产品,如图 8-6 所示博文 1。

图 8-6 博文示例 1

2. 产品形象生活化

做产品宣传时，我们要选择一些生活化朗朗上口容易记忆的形象和语言，使自己的产品深入人心，打动和感动客户。例如：万家乐电器的“万家乐，乐万家”等等，如图 8-7 所示。

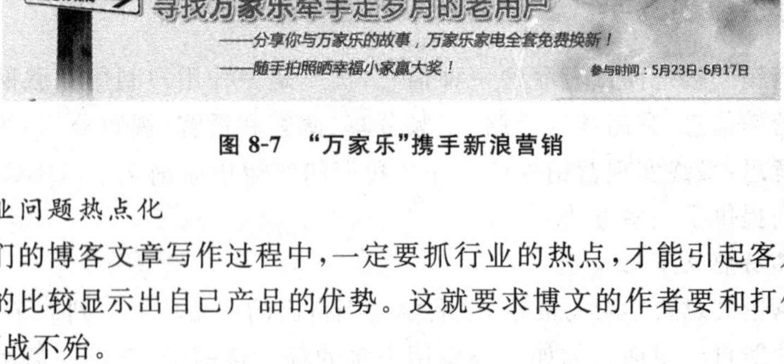

图 8-7 “万家乐”携手新浪营销

3. 行业问题热点化

在我们的博客文章写作过程中，一定要抓行业的热点，才能引起客户的关注，通过行业的比较显示出自己产品的优势。这就要求博文的作者要和打仗一样，知己知彼，百战不殆。

4. 产品发展演义化

博客营销文章要赋予产品以生命，从不同的角度，不同的层次来展示产品。可以以拟人的形式进行诉说，创意的写法，越能让读者耳目一新，也就记忆深刻。如图 8-8 所示博文 2。

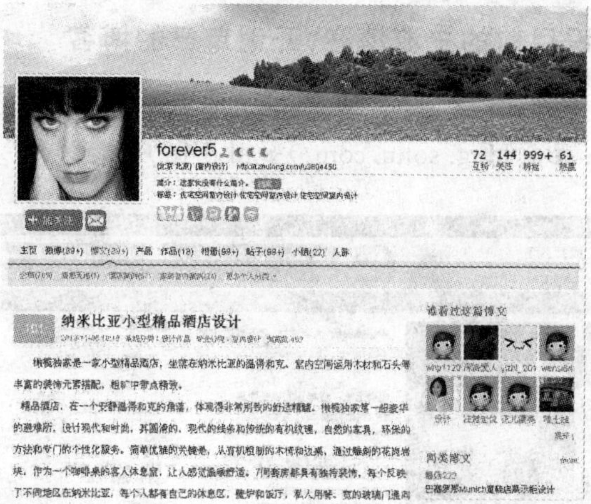

图 8-8　博文 2

5. 产品博文系列化

博客营销不是立竿见影的电子商务营销工具，需要长时间的坚持不懈。在产品的博文写作中，一定要坚持系列化的，不断有故事的发展，还要有高潮，如图 8-9 所示。

图 8-9　系列博文

6. 博文篇幅精短化

博客不同于传统媒体的文章，既要论点明确论据充分，既要情节丰富感人至深，建议一篇博文最好不要超过 1 000 字，坚持短小精干是博客营销的重要法则。

【任务实施】博客营销

第一步　认识目前的主流博客，开创自己的博客

目前主流博客有搜狐博客、中国博客、新浪博客等等。

1. 搜狐博客（http://blog.sohu.com/）如图 8-10 所示

图 8-10　搜狐博客

2. 中国博客（http://www.blogcn.com/）如图 8-11 所示

图 8-11　中国博客

3. 新浪博客(http://blog. sina. com. cn/main/)如图 8-12 所示

图 8-12　新浪博客

第二步　利用博客的本质与独特优势进行舆论引领

博客频道有舆论引导的功能和先天优势，如何因势利导发挥好，作为博客的管理者得关注以下几个方面。

1. 充分重视"舆论领袖"在网络舆论引导中的作用

每个领域或行业博客都有自己较为稳定的参与群体，其中有一些文字表达能力强、分析问题深刻、有独特见解的博客，他们的博文往往影响甚至左右其他网民的看法，并由此引导、控制着该领域或该行业的舆论方向，如图 8-13 所示。

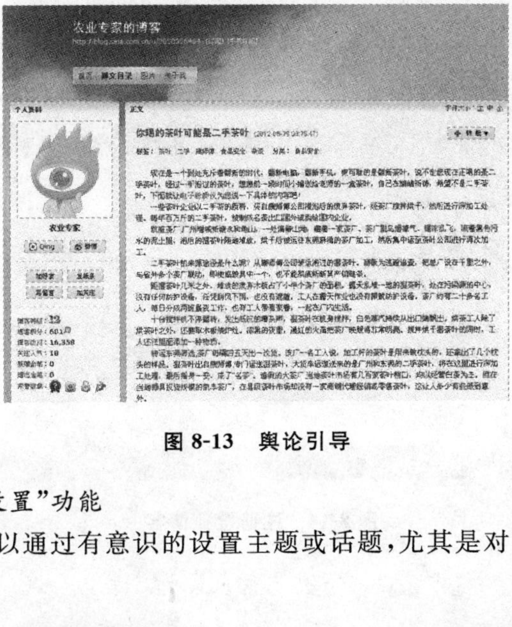

图 8-13　舆论引导

2. 重视"议程设置"功能

博客管理员可以通过有意识的设置主题或话题，尤其是对重大事件议题的设置，突出有引导性的事件和问题的博文，使之成为公众议论的焦点，例如，强国博客2007年终系列策划专题，千龙博客的大型策划专题，以此吸引网民的眼球，激发网民参与辩论的积极性。在专题的策划时要注意不要全都是正面的，不同意见的声音也不可少，这才能赢得粉丝网民。

3. 与传统媒体的互动

博客新闻对社会产生影响必须经过传统媒体或网络的扩展和放大，没有传统媒体或网络，博客新闻再有卖点也只局限于博客网站，难以形成舆论声势。目前全国各地还有不少媒体，如《中国商人》杂志、《观点致胜》等，开辟博文精选、报博互动，博客内容在传统媒体版面、节目中再传播。博客内容经过传统媒体的二次传播，在舆论引导上可能会取得事半功倍的效果。

总之，在Web2.0由用户主导而生成内容的互联网时代，我们要把握机遇，紧跟互联网技术发展，加快新技术的开发与应用，借助博客频道开发新的用户人群和网络粉丝，聚集市场人气，进一步提升产品社会知名度和品牌价值，宣传更权威，影响力更大，更好地引导网络舆论。

第三步　博客营销的运作要点与技巧

1. 初入博客营销的操作要点

(1)正确选择博客托管网站、注册博客账号。选择优秀的博客在营销的初始阶段十分重要。用博客来传播企业信息首要条件是拥有具有良好写作能力的博客，博客在发布自己的生活经历、工作经历和某些热门话题的评论等信息的同时，还可附带宣传产品。

选择功能完善、稳定，适合企业自身发展的博客系统博客营销平台，并获得发布博客文章的资格。如图8-14所示。

图8-14　注册搜狐博客

(2)努力提高博客的点击率是博客营销的基础。博客的点击率提高了，关注的粉丝量增加了，博客的知名度相应的也提升了，利用博客营销的效率自然的就达到了我们的目的。

粉丝的质量重于粉丝的数量。现在微博营销中面临的一个巨大误区就是盲目地追求粉丝数量的疯长，聚集了大量的冷冻粉和非活跃粉丝，完全达不到所期望的营销效果。所以企业在进行博客营销时，千万不要一上来就追求订阅用户的数量，类似加关注就送 Iphone6 这样的手段只能吸引到一群为了中奖而来的粉丝。

(3)拒绝粗暴广告，以创新的内容取胜。由于博客粉丝对于广告的敏感性，博客上的内容策划要非常精心，不能进行粗暴的广告投放，而要通过与用户进行良性的互动以培养用户对于品牌的认知度与好感度。在利用博客营销时，一定要明确博客不是一个简单的广告投放平台，粉丝的敏感性要求博客管理员对于所要发布的信息内容和形式必须进行认真的挖掘与策划。

在这方面，戴尔的营销是个很好的例子。戴尔直通车(www.direct2dell.com/chinese)是戴尔公司的官方中文博客，如图 8-15 所示。博客采取文字、照片、视频等形式，介绍戴尔产品、服务、员工生活等各种最新和幕后信息。用户可以在博客上留言，分享对戴尔的评论、想法和意见。戴尔直通车的站长 Jacqui Zhou 和其他工作人员代表戴尔在博客上回答大家的问题。目前戴尔还有英文、西班牙语、挪威语等语种的博客。

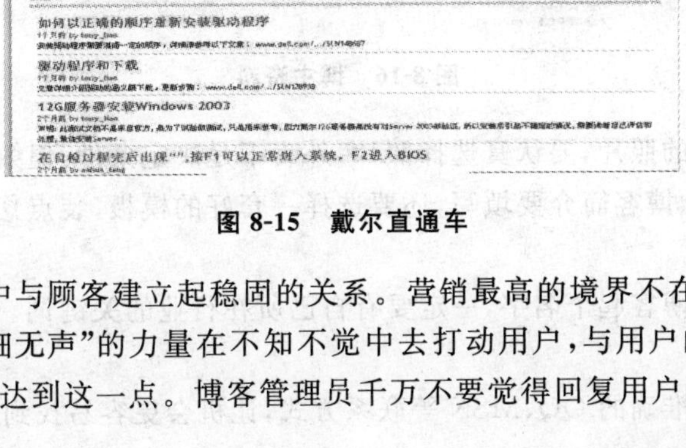

图 8-15　戴尔直通车

(4)在互动中与顾客建立起稳固的关系。营销最高的境界不在于硬推广告，而在于运用“润物细无声”的力量在不知不觉中去打动用户，与用户的日常良好沟通无疑能帮助企业达到这一点。博客管理员千万不要觉得回复用户的留言很麻烦就不去做这件事情，而是要有专业的客服人员去处理相应的事务，与用户做生动性的沟通互动，最终获得用户对品牌的好感。

2. 掌握博客营销运营技巧

(1)寻找营销资源，确定方向。企业博客在考虑定位时应考虑在什么网站开博客，应考虑个人或企业具有哪些资源可以调用，由于博客首先是以个人为基础的，所以就应该主要根据自己的资源来定位博客的类型。

正确的定位，及正确的选择博客平台，可以让您的博客更容易成为高质量的博客，更容易获得管理员及用户的青睐，因为有资源，更能长期的有高质量的内容发布出来，达到预期的营销效果。

(2)完善博客资料，博客营销的起点。博客的个人资料如图 8-16 所示就好像一个人的身份证，当你把自己的个人资料写全的时候，就更容易被更多的朋友找到，并加为好友。而且通过互相加为好友的动作扩大自身的影响力，让更多的人知道并了解你的博客，博客管理员可以如下面这样来实施。

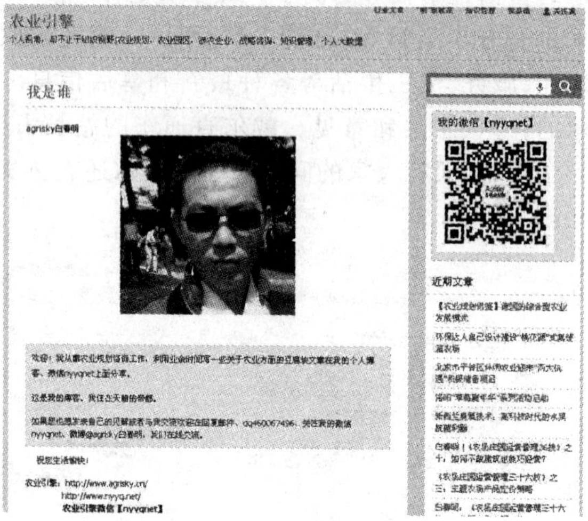

图 8-16　博主资料

①上传自己的照片，要认真选择照片，外表不是决定条件，但第一印象很重要。

②个人简历、博客简介要填写，还要选择一套好的模板，装点您的空间，方便客户了解你。

③为自己的博客起个名字，一定要有自己所在行业的关键词。例如：农产品营销交流。

④填写自己准确的 QQ、MSN 等联系方式，让机会更容易找到您。

(3)知识搭桥,营销唱戏。有些博客看起来内容很多,但基本都是产品的介绍和推荐,让人读起来索然无味,而想让人知道您的产品和服务,只需要链接您的企业简介、产品资料即可。

相反如果博客讲述的是大家关注的技术难点、热点问题,为产品提供售后技术支持及服务,让大家真正可学到知识,大家就会非常感兴趣了。在讲技术知识的时候,涉及到自己产品或技术优势的关键字时,可以做链接,连接到自己的商铺。

(4)原创文章,博客营销制胜法宝。博文要绝大部分原创,因为不但你的博客浏览者喜欢看原创的,网站管理员也喜欢推荐原创的文章,大众搜索引擎也喜欢原创的文章这样,推荐了使搜索引擎更容易收录,您的大量文章就出现在各大搜索引擎了。也就是说:只有原创的文章,才能保证具有营销性的文章有机会在各种地方出现,让目标用户更方便主动的找到你。

(5)好马配好鞍,好文章配好标题。无论文章多么好,用户第一时间是看到文章标题,然后才决定是否看您的文章,要想文章获得更多人关注,就要为文章取个好标题。其中有两点:既要吸引眼球,又不能只是"标题党",标题跟内容不相关,这样会使看文章人对您产生反感,对营销效果起反作用。如图 8-17 所示。

【农业规划借鉴】德国的综合型农业发展模式
agrisky | 知识管理 | 2015-02-09

环保达人自己设计建设"桃花源"式集装箱农场
agrisky | 数据仓库 | 2015-02-09

洛阳"草莓嘉年华"系列活动启动
agrisky | "明"察秋毫 | 2015-02-09

新西兰臭氧技术:高科技时代的水果抗菌利器
agrisky | 行业文章 | 2015-02-09

《中国农产品品牌发展研究报告》都讲了什么?
agrisky | 数据仓库 | 2014-12-11

图 8-17　博文标题

(6)博客及博文名称还要具有营销价值。因为博客的特殊性,博客的文章相对于其他文章更容易被搜索引擎收录。"博客名"往往可以反映一个博客的性质,所以给自己的博客起名字,最关键的是要和推广目的联系起来,建立主题博客,如图 8-18 所示。这样当您的目标用户在百度、谷歌等搜索引擎搜索相关产品及服务时,能排到前面。

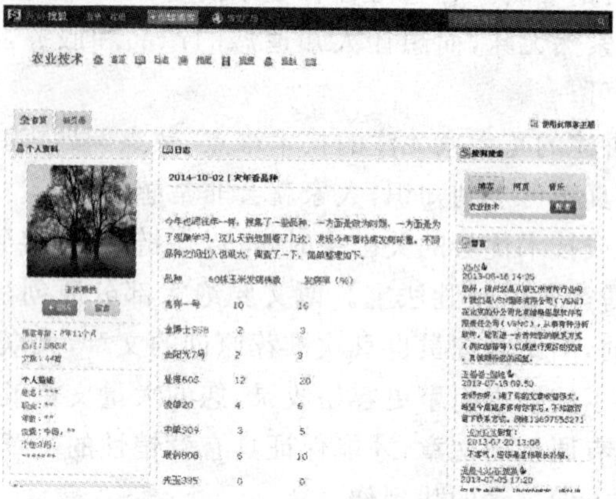

图 8-18 主题博客

(7)重在坚持,并建立有效机制,保证高质量的内容来源。在营销团体内部,寻找部分写作能力比较强,工作多年,技术及营销管理经验丰富的员工,在一定的时期内写作一篇原创文章。然后统一包装,在提供有价值资讯的同时,适当为自己产品或服务做一点营销,让文章发挥真正价值,比如:针对某个季节某个节日的产品做前期宣传大打亲情牌等等。

(8)认真对博客文章进行排版,让浏览者阅读起来有轻松有趣味。在产品营销博客里,不要象在某些平台开博客那样,选择花里胡哨的模板,这样看起来很吃力,访问速度也比较的慢。我们要将文章分出更多的大、小标题,并将大小标题加粗,让浏览者看起来有层次感,阅读起来很舒服,有快感!潜在客户才会有耐心地看完您的文章。如图 8-19 所示。

(9)创文章的开头或结尾,必须加上企业名称及联系方式。大部分的浏览者不仅仅通过你的博客浏览到原创的好文章,而很有可能是通过别人转摘看到的。如果你的文章没有写联系方式,别人就不会转摘您的联系方式,那就导致你的博文浏览者不能方便的联系,难免丧失商机。

(10)酒香还怕巷子深,博客还需多推广。博客有了高质量的具有营销性的文章,并具有能通过博客文章对个人及个人所在企业的产品与服务的信息与链接,剩下的就一定要想办法推广自己的博客了,具体方法有许多。一方面可以利用博客网站所在行业网站推广,如:

与同行互相加为好友;

与博友互换友情链接,登录后评论别人的博文;

去论坛多解答别人的问题,在论坛签名里写上博客名称和链接;

图 8-19　博客版面

多发布好文，让博文得到推荐；

在您的名片上印上博客网址等等。

以上的这些方法都可以在一定程度上提高你博客的曝光度，吸引粉丝关注，达到推广博客及企业产品、服务的目的。

另一方面也可以充分利用其他沟通途径，提高博客点击率，提升博客认知度，如：

友情链接。友情链接可以给一个博客带来稳定的访问量。友情链接的多了，可以带来很多流量。

搜索引擎登录。把自己的博客登录到常用的几个搜索引擎，由于网上有大量的用户在使用搜索引擎服务，提高自己的博客被搜索引擎检索到的机会。

QQ 宣传。写好一篇博客后，把地址发给自己的 QQ 好友一起看，这可以充分利用和宣传博客，提高点击率。

【任务拓展】

一、农产品网上销售的无站点营销策略

无站点营销。如果是立足于宣传的网络营销定位，当营销主体的实力还不够强大，而农业专业网站有一定发展的情况下，无站点营销是一种较实用的选择。经营规模还不很大的情况下，不主张投资兴建自己的网站，应选择在农业专业网站或者免费平台上发布供求信息，这样既达到了发布信息的目的又能够节约成本。博客营销也是一种自身无站点的营销。它就是在博客的平台上的进行的文章营销。

二、农产品网上销售的专业网站营销策略

建立专业网站。当农产品营销主体具备一定的规模和实力后还是应该建立起自己的网站。企业网站应该涵盖八个方面的内容:公司信息、产品信息、顾客服务信息、促销信息、销售和售后服务信息、联络资料、线上采购页面、顾客交流平台。注重传递公司的产品、促销以及售后服务等信息的及时更新和沟通。从网站的风格看,由于立足于宣传所以应该更加注重网站风格与经营产品的统一,在色彩搭配、网站布局等方面彰显自身特色。

三、博客营销经典案例解析

19 世纪的营销是想出来的,20 世纪是做出来的,21 世纪的营销将是“玩”出来的。这一切的一切,都在诉说着一个事实:中国人进入了一个疯狂的“娱乐时代”。一个全民娱乐的年代,全民博客的年代。下面我们来看两个成功利用博客营销的例子。

1. 五粮液葡萄酒博客营销

2006 年底,国内知名品牌五粮液葡萄酒有限责任公司联合国内第一跨媒体营销博拉网,建立专题页面推广旗下一款国邑干红,开展主题为“红酒博友博红酒”的大范围产品推广活动,这也是国内传统行业酒业第一次实施博客营销的体验。活动由网站博友自主报名,开展后短短几天参加体验活动,五粮液葡萄酒公司在其中挑选出全国各地的 500 名知名的博客红酒爱好者,分别寄送了其新产品国邑干红以供品尝。博友品尝葡萄酒后,纷纷在博客上分享五粮液国邑干红品尝体验,短时间内关于国邑干红的好评如潮,大量的博友转介绍,推荐其他网民饮用。

此次活动是五粮液国邑干红通过互联网传递企业品牌及产品特性的一次重要尝试,实现了通过博客体验的方式找到打开网络营销的突破口。

2. 佳洁士 SNS 营销案例

作为牙膏领域的知名品牌,佳洁士与国内知名的 SNS(Social Network Sites,即社交网站)社区平台——“人人网”共同推出以“拯救好友口腔危机”为主题的网络线上活动。活动的主要内容是选择自己的好友,并圈定好友属于哪种口腔患者类型,为 TA 赠送相应的佳洁士礼物,成功邀请好友达一定数量者,即可获得一到三支不等的佳洁士牙膏。活动在“人人网”上引发广泛的好友邀请热潮。SNS 以人际关系建立的朋友圈,一般朋友的推荐都可以接受,不像传统广告推介,这种“润物细无声”的有效手法,悄悄就将产品的品牌价值迅速传播。同时又和线下佳洁士活动结合起来,这种线上+线下的推广方式已经普遍流行起来。

通过以上两个案例，我们可以看到以消费者需求为中心是博客营销的核心。以客户为中心的出色的博客营销，成功之处在于使企业建立了高效能、低成本的销售渠道，强化了与客户之间的关系，更直接地得到了客户的反馈信息，为提企业改进服务奠定了基础。两个成功的博客营销模式反映出企业对市场需求变化更敏锐的感应，及时调整企业的经营策略降低企业运营风险。

【任务巩固】

1. 撰写一篇博文并发布。假设你是一名网络营销人员，为某一类农产品进行博客营销。

2. 以农产品网络营销基本知识为出发点进行发散式思维，讨论探寻网络营销新思路。

【任务评价】

以小组为单位开展任务反思，对博客营销的实施进行评价。

项目名称			姓名		班级	
评价指标	自我评价	小组评价	学习体会			
为自己的产品开设一个博客，开展博客营销体验						
根据不同行业不同区域，找准自己的博客营销目标定位						
设计博客内容，强化企业的形象和产品曝光率，吸引顾客兴趣，成功实现博客营销						
改进博客营销，塑造可以和顾客持续对话的博客空间，有效提高顾客对产品的意识						
综合评价						

参考文献

[1] 戴建明. 现代商务,2 版. 北京:高等教育出版社,2011.
[2] 马俊,陈丽敏. 农产品网络营销. 北京:高等教育出版社,2012.
[3] 丁薇,彭欣. 网络营销实用教程. 北京:人民邮电出版社,2010.
[4] 罗应机. 基于 4CS 模式下的博客营销在中小企业的应用. 中国商贸,2010/19.
[5] 刘洋. Web3.0 下博客营销及价值分析. 电子商务,2010/08.
[6] 范兴昌. 中小企业如何实施博客营销. 中国商贸,2010/13.
[7] 马炎. 论我国中小企业如何利用博客进行有效营销. 信息系统工程,2010/06.
[8] 刘敏. 博客营销的商业价值及运作模式研究. 商场现代化,2009(5)(上旬刊).
[9] 冉丽敏. 网络时代的创新营销——博客营销. 消费导刊,2009(4).
[10] 梁文. 软文营销实战之道. 北京:中国华侨出版社,2013.
[11] 陈永东. 企业微博营销:策略、方法与实践. 北京:机械工业出版社,2012.
[12] 胡卫夕. 微博营销:把企业搬到微博上. 北京:机械工业出版社,2011.
[13] 部分词条来自:百度百科,2015.
[14] 翁建军,嵇成舒. 网络营销. 北京:北京电子工业出版社,2002.
[15] 黄骁. 电子商务入门——从网上购物到开店. 北京:清华大学出版社,2009.
[16] 鲁炜. 在网络名人社会责任论坛上提出六点希望和七条底线. 人民网,2013-8-14.